나의 남명학南冥學 읽기

나의 남명학南冥學 읽기

경상대학교 남명학연구소
남명학교양총서 01

나의 남명학南冥學 읽기

─ 남명사상南冥思想의 현대적 의미 ─

최석기 지음

景仁文化社

목차 *contents*

왜 남명학南冥學인가?

"왜 남명학南冥學인가?"

이 책은 '나의 남명학 읽기'이다. 지금까지 십여 년 동안 남명과 남명학을 접하면서 느낀 점과 오늘날 우리 사회의 현상을 하나로 묶어 전통과 현대를 비교하면서 오늘날 남명학이 왜 필요한 지를 기술할 것이다.

"왜 아직도 서부 경남 사람들은 모두 남명을 추앙하고 있는 것일까?"

나는 진주에 와서 한동안 이런 화두를 들었다. 거기에는 분명 무엇인가가 있다. 그러면서 나는 생각했다. 남명은 지금도 이 땅에 여전히 살아 있다고. 그래서 나도 남명을 만나고 싶었다. 그리하여 나름대로 남명을 찾아다녔고, 한 시대의 선각자 그 이상의 것을 전해줄 존재로 남명은 내게 다가왔다.

이제 나는 독자들과 함께 남명을 만나러 가는 구
도여행을 떠날 것이다. 들뜬 여행이 아니라, 차분한
여행을 떠날 것이다. 여행을 떠나려면 최소한의 준비
를 해야 한다. 그 준비물로 나는 먼저 오늘날 우리들
의 자화상을 들여다보려 한다. 지금 여기에 살고 있
는 너와 나, 우리들은 어떤 모습을 하고 있을까?

"나는 누구인가?"
"나는 오늘 무엇을 했는가?"
"남을 위해 무엇을 하였는가?"
"남을 대하면서 진실 되고 성실하게 했는가?"
"다른 사람을 만났을 때 신의 있게 대했던가?"
"내가 할 일을 게을리 않고 부지런히 했던가?"
"내 주장만을 고집하지는 않았는가?"
"남의 말을 귀담아 들으려 하였는가?"

나는 이런 질문들을 끝없이 던져 본다. 나의 참모
습을 보기 위해서는 이런 질문을 부단히 던질 수밖
에 없다. 자신의 뱃속에 이런 물음표를 가득 채우고
나면, 서서히 의문疑問이 풀리기 시작할 것이다. 그래
서 의문은 많으면 많을수록 좋다. 또 깊으면 깊을수
록 좋다. 의문을 작게 하면 작은 것을 얻고, 의문을
크게 하면 큰 것을 얻는다.
공자의 제자 증삼曾參은 매일 자신을 돌아보며

나의 남명학南冥學 **읽기**

위와 같은 질문을 던졌다. 그리하여 타고난 자질이 노둔했음에도 불구하고 성인의 도를 전수 받았다. 아! 얼마나 위대한가.

자기의 모습은 자기 내면에 있다. 자기 내면을 들여다보며 자아를 발견하는 것은 우리 모두의 숙제이다. 그 숙제는 하루 만에 할 수 없다. 오랜 세월이 필요하다. 그래서 나는 자신의 몸을 물음표로 가득 채우라고 말한다. 나는 이런 숙제를 감히 내드린다. 그리고 그 실마리를 찾기 위해 여러분을 '현대사회'라는 전시장으로 안내하고자 한다.

1. 현대사회와 전통사회,
그리고 지금의 우리

전통사회는 농경農耕에 기초를 둔 사회였지만, 현대사회는 산업産業에 그 기반을 두고 있다. 농경사회는 주어진 환경 속에서 순응하는 삶의 방식을 택하기 때문에 정적靜的인 요소가 강한 반면, 산업사회는 끊임없이 물자를 운반하고 움직여야 하기 때문에 매우 동적動的이다. 정적인 사회는 변화보다는 안정을 추구하고, 동적인 사회는 끊임없이 역동적인 변화를 모색한다. 따라서 전통사회와 현대사회는 삶의 구조와 방식이 다를 수밖에 없다. 그리고 이에 따른 가치

김홍도의 농경도

관의 변화도 인정하지 않을 수 없다. 그러나 현대 산업사회는 너무도 많은 문제점을 발생하고 있어, 진지한 성찰과 다각도의 대안이 필요한 시점이다.

현대사회는 발전의 논리만을 강조하여 무분별한 개발을 추진하였다. 그러다 보니 환경이 파괴되어 생태계의 교란이 일어나고, 자연과 생명을 개발의 명분 아래 마구 파헤치고 말았다. 그런데 이런 환경파괴는 우리 눈에 금방 띄는 것인지라, 자각적 반성이 도처에서 일어나 여러 가지 대책을 강구하고 있다. 심지어 꼭 필요한 개발을 저지하는 극단적 투쟁도 불사하는 경우를 종종 본다.

그런데 환경보다 결코 덜하지 않은 정신精神의 파괴에 대해서는, 대부분의 사람들이 관심을 기울이지 않고 있다. 종교계에서조차 정신의 파괴보다 환경의 파괴에 더 관심을 갖는 듯한 인상을 준다. 정신문명의 파괴는 금방 눈에 보이는 현상이 아닌지라, 그 문제의 심각성을 깨닫지 못하고 있는 것이다. 지금처럼 세계화의 논리에 휩쓸려 간다면, 인간이 인간다운 삶을 추구하는 정신적 삶은, 거의 파괴되고 말 것이

나의 **남명학**南冥學 **읽기**

다. 오로지 빠르게 움직여 부富를 추구하는 데 목표를 두고 물질적으로 더 편한 삶을 추구할 것이 뻔하며, 인간이 인간다운 양심이나 지성은 아예 그 가치 자체가 버려지고 말 것이다.

이런 시대 흐름의 한 가운데 서서, 인간의 본성을 아는 지성인이라면 누구나 우리 시대 삶의 가치에 대해 고민하지 않을 수 없다. 돈벌이에 매달려 허둥지둥 사는 것이 과연 인간다운 삶인가를 되돌아보지 않을 수 없다면, 우리는 무엇을 찾아 나서야 할 것인가? 어떻게 살아야 할 것인가? 그 방식의 문제를 검토하고 그 대책을 논의하지 않을 수 없다. 이런 문제의식 갖고 우리가 접근할 수 있는 방안 가운데 하나가, 현대사회와 전통사회의 가치관을 상호 조명해 보는 것일 수 있다. 이를 화두로 삼아 논의해 보도록 하겠다.

전통사회는 농경문화에 기초하기 때문에 정적靜的이다. 정적인 사회에서는 공동체 사회共同體社會를 이루며 살아가기 위해 인륜人倫이 강조된다. 곧 공동체 질서가 확립되는 것이다. 인간의 윤리를 상징하는 인륜이라는 말은 '인간사회의 질서'를 말한다. 임금과 신하 사이의 질서, 아비와 자식 사이의 질서, 남편과 아내 사이의 질서, 형과 동생 사이의 질서, 벗 사이의 질서가 그 대표적인 것들이다. 이를 오상五常이라 하며, 이 오상은 강상綱常이라 하여 법이나 제도보다

오상五常

위에 있는 인류의 도덕규범이었다.

이런 질서는 인간이라면 누구나 지켜야 하는 떳떳한 가치덕목으로, 인간사회를 규율하는 기강紀綱이 되었다. 그리고 이런 인류의 질서를 바탕으로 인간의 도덕성이 중시되면서, 인간 본연의 성품을 수양하여 높은 도덕성을 가진 사람이 존경받는 사회로 발전하였다. 그래서 학식이 있는 사람들은 부지런히 자신을 갈고 닦아 인욕人欲을 버리고 천리天理에 합하는 정신적 자유를 추구하였다. 바로 인간을 하늘의 경지로 끌어올리려고 한 것이다. 인욕을 깨끗하게 없애고 천리를 유행하게 하는 것이 인간이 추구할 가장 지고한 가치였으니, 그것을 이룩한 분이 바로 성인聖人이다.

인간이 하늘이 되려고 하는 것은 인간의 오랜 꿈이었다. 그것은 궁극적으로 소아小我를 버리고 전체와 하나가 되는 것이었으며, 나 혼자 사는 것이 아니라 공동체 속에서 함께 살아가는 이치였다. 그래서 사람이 하늘이 되는 것은 자연으로 돌아가는 것이기도 하였고, 너와 내가 하나가 되는 것이기도 하였다. 이것은 개체의 독자성보다는 본질을 부단히 추구하여 동질성을 회복하는 것이라고 볼 수도 있다.

그래서 인간이 하늘과 하나가 되면, 하늘이 빛을 뿌려 만물을 낳아주는 것처럼, 땅이 만물을 실어주는 것처럼, 위대한 일을 하는 데 참여한다고 믿었다. 동

나의 남명학南冥學 읽기

화 속에서 해가 되고 별이 되고 달이 되는 것이 그런
의식을 반영한다. 이는 끝없는 조화를 추구하는 것이
다. 동양사상의 뿌리를 형성하고 있는 천인합일天人
合一은 인간과 하늘, 인간과 자연의 끝없는 하나되기
라고 할 수 있다.

　전통시대 그림 중에 '고사관수도高士觀水圖'라는
그림을 보자. 한 선비가 언덕이나 바위 위에 앉아 흘
러가는 물을 물끄러미 바라보고 있다. 이 그림을 보
는 사람이, '저 사람은 무슨 생각을 하고 있을까?' 궁
금할 정도이다. 그림 속의 사
람은, 물을 막아 댐을 만들어
논밭을 개간할 생각은 하지 않
는다. 그는 흘러가는 물을 보
면서, 그 근원을 생각하고 우
주의 본연과 이치를 생각한다.
그는 물과 하나가 되어 물도
잊고 자신도 잊어버린 몰아지
경에 빠져 있는 것이 아니다.
그는 물을 보며 근원을 생각하
고, 그 물이 흘러가며 들판을
적셔 만물을 소생시켜 주는 이
치를 생각하고 있다. 그는 자
연의 본질을 보며 인간과 자연
의 일치를 생각하고 있는 것이

강희안姜希顔의 고사관수도

다. 이런 조화를 깨닫고 나면, 너와 내가 하나가 될
수 있다.

전통시대의 삶은 이런 데 있었다. 너와 내가 하나
가 되어 우리들의 세상을 만드는 것이다. 하나가 되면
개인의 개성보다 우리가 중시된다. 그렇다고 개체의
개성이 무시되는 것도 아니다. 이런 삶의 지향을 전통
시대 사람들은 이미 꿰뚫고 있었다. 그래서 그들은 본
연의 이치는 하나지만 나뉘어지면 각각 다른 개체가
된다는 이른바 이일분수설理一分殊說을 창안하였다.
이는 극과 극으로 치달을 수 있는 논리를 기막히게
하나로 합한 것이다. 곧 '하나이면서 둘이고, 둘이면
서 하나가 된다[一而二 二而一]'는 논리구조이다.

현대 산업사회는 매우 역동적이다. 빠르게 변화
하기 때문에, 그 변화의 물결을 타지 못하면 곧바로
도태되고 만다. 인간의 윤리나 질서, 심지어 도덕까
지도 돌아볼 여유가 없다. 오로지 첨단 과학기술을
만들어내야 생존이 가능하다. 그리고 빠르게 움직이
는 정보를 그때그때 잡지 않고서는 소경처럼 바로
앞이 보이질 않는다. 그래서 현대인들은 하늘을 돌아
볼 여유가 없다. 하늘을 잃어버린 것이다. 그러므로
하늘을 볼 수가 없다. 하늘과 하나가 되려는 생각은
엄두도 내질 못한다.

하늘이 없다는 것은 하늘을 무시하는 것일 수도
있다. 그래서 현대 산업사회는 하늘을 정복하는 데

나의 남명학南冥學 읽기

주저하지 않는다. 히말라야를 너도나도 오르려 한다. 그리고 그것을 매우 자랑스럽게 생각한다. 이는 자연을 정복하겠다는 인식이다. 앞에서 말한 전통시대 사람들이 하늘과 하나가 되고 자연과 하나가 되려고 하던 것과는 정 반대의 사고이다. 이는 자연과 조화를 추구하려는 삶이 아니고, 자연을 정복하려는 삶이다. 그래서 인간은 하늘과 더욱 멀어지고 말았다. 자연과 하나가 되던 관계에서, 어느새 하늘과 대결하는 사이가 되고 만 것이다.

그러나 한 번 곰곰이 생각해 보자. 인간이 하늘과 대결할 수 있을까? 인간이 자연을 정복할 수 있을까? 바보 같은 짓이다. 자연을 두려워할 줄 모르면, 경외감을 갖지 않고 정복하기만을 추구하면, 언젠가는 망할 수밖에 없다. 인간은 자연의 일부이고, 자연과 하나인 몸이다. 이를 부정하고 자연을 정복의 대상으로만 여기면, 결국 인간이 인간을 파괴하는 꼴이 된다. 그리고 너와 나도 영원히 하나가 될 수 없다. 영원한 경쟁자가 될 뿐이다. 꼭 오늘날 우리들의 모습이다.

요약하자면, 전통시대 사람들은 하늘을 두려워하고 자연을 두려워하였다. 그래서 인간의 심성을 부단히 수양하여 하늘과 자연과 하나가 되기를 끝없이 추구했다. 나를 찾아 나서는 구도자들이 줄을 이었다. 곧 전통시대 가치는 '나를 찾아 하늘과 하나되기'

였다. 그러나 현대인들은 언제부턴가 하늘이나 자연을 두려워하는 마음을 상실하였다. 그래서 두려운 존재가 아무 것도 없게 된다. 대통령도 마구 욕하고, 하느님도 마구 욕하는 제멋대로의 세상을 만들었다. 그러나 정작 현대인들은 자신이 누구인지를 모른다.

현대인들은 자신이 누구인지를 정확히 모르기 때문에 함부로 말하고 함부로 행동하는 것이다. 두려움이 없기 때문에 하늘도 무시하고 자연도 정복하려 한다. 그리고 그 결과는 자아의 파괴로 귀결된다. 고대인들이나 중세인들이 이런 우리의 모습을 보았으면, 분명 '금수禽獸의 세상'이라고 하였을 것이다. 그래 우리는 금수의 세상에 살고 있다. 인간이 인간답지 않으면 바로 금수와 다름없는 것이다.

문명화 된 현대사회가 금수의 세상이라니, 놀랄 만한 일이다. 그러나 우리 사회는 분명 문명사회와는 거리가 먼 현상들이 도처에 깔려 있다. 선생님을 '그 남자'라 하고, 대통령이 자기 마음에 들지 않는다고 곧바로 그 이름을 부르며 마구 욕을 하는 사회는, 분명 문명사회가 아니다. 어른을 존경할 줄 모르고, 선생님을 무서워할 줄 모르고, 상관을 모실 줄 모르는 사회는 문명사회가 아니다. 자신을 돌아보지 않고 남만 헐뜯는 사회는 분명 문명사회가 아니다. 스스로 두려워할 줄 모르는 사회는 분명 문명사회가 아니다.

나의 남명학南冥學 **읽기**

2. 우리는 어떤 사회를 만들어야 하는가?

우리는 어떤 사회를 만들어야 하는가? 한 마디로 문명사회를 만들어야 한다. 기강이 바로 서 있는 사회, 도덕과 윤리가 법보다 더 존중되는 사회가 문명사회다. 남을 인정할 줄 아는 사회, 어른을 두려워하는 사회, 덕이 있고 지식이 있는 이를 존중하는 사회, 근본과 원칙에 충실한 사회가 문명사회다. 즉 제멋대로 말하지 않는 사회가 문명사회다. 이런 사회를 만들려면 근본을 어떻게 세워야 할 것인가?

나는 '하늘을 두려워하는 마음을 가져야 한다'고 말한다. 대통령부터 하늘을 두려워하여, 온 국민이 하늘을 두려워해야 한다. 그래야 도덕이 바로 서는 사회, 근본이 확립된 사회가 될 것이다. 이런 생각을 바탕으로, 선각자들의 몇 가지 담론을 끌어다 이야기를 풀어본다.

전통적 가치를 무너뜨리고 오늘날과 같은 현대 산업사회를 만든 근원으로 거슬러 올라가 보면, 그것은 아마도 인간의 욕망일 것이다. 잘 먹고 편안히 살고자 하는 욕망은, 끝없이 새로운 기술을 개발하였고, 안주가 아닌 개발의 논리를 만들어냈다. 나는 이런 욕망을 긍정한다. 그러나 이런 욕망에만 끌려오다 보니, 오늘날과 같은 문제점들이 생겨났다. 즉 조화

제1장 왜 남명학南冥學**인가?**

를 추구하지 못한 것이다. 균형감각을 잃어버린 것이다. 균형을 추구하려면 이 욕망은 일정하게 극복하거나 절제할 대상이 될 수밖에 없다. 그래서 이제는 '잘 살아 보자'가 아니라, '어떻게 살 것인가'를 진지하게 성찰하지 않을 수 없는 시점에 와 있다. 그러나 우리 사회에는 아직도 '웰빙'을 외치며 '잘 먹고 잘 살기'에 눈을 돌리고 있다.

"어떻게 살 것인가?" 이미 오래 전부터 이에 대해, 선각자적 안목을 갖고 있던 사람들은 많은 담론을 하였다. 그 가운데 내가 소개하고자 하는 것은 무분별한 현대화를 비판한 내용이다. 현대화는 인간의 욕망이 빚어낸 산물로, 개발지상주의로 치닫게 마련이다. 이에 브레이크를 걸어 멈추고 자신을 돌아보라고 하는 책이, 헬레나 노르베리-호지가 지은 『오래된 미래-라다크로부터 배운다-』(녹색평론사, 김종철 외 옮김)이다.

'오래된 미래'라는 책이름은 참으로 생소하다. 무슨 뜻일까? '미래'의 반대는 '과거'다. 이는 '오래된 과거'가 바로 우리들의 미래임을 암시하는 말이다. 과거는 오래도록 지속되었다. 그것은 인간이 자연에 순응해 살았기 때문이다. 그런데 미래도 과연 그럴까? 오래된 과거처럼 오래도록 이어질 미래를 생각해 보자. 나는 『오래된 미래』라는 책의 이름이 던져주는 메시지를 그렇게 읽었다.

나의 남명학南冥學 **읽기**

이 책은 스웨덴 출신 여성학자가 인도 북부에 속
한 '작은 티베트'로 불리는 라다크에서 16년간 체험
을 통해 깨달은 일종의 현장보고서이다. 천년 동안
독자적 언어와 티베트 불교문화에 뿌리는 두고 자급
자족하던 라다크의 공동체 사회가 1975년 인도 정부
의 개발정책에 의해 옛 모습을 잃고 파괴되어 가는
장면을 생생하게 기록하고 있다. 이 책은 다음과 같
이 구성되어 있다.

제1부 전통
1. 작은 티베트
2. 땅과 함께 살기
3. 의사와 샤만
4. 우리는 함께 살아야 한다
5. 안무받지 않은 춤
6. 불교 – 삶의 한 방식
7. 삶의 기쁨

제2부 변화
8. 서구의 도래
9. 화성에서 온 사람들
10. 돈이 세상을 돌아가게 한다
11. 라마승에서 기술자로
12. 서구식 방법의 학습
13. 중심으로 끌어당기기
14. 분열된 공동체

제1장 왜 남명학南冥學인가?

이런 소제목을 보면, 이 책의 내용이 대강 보인다. 전통과 변화, 그리고 파헤쳐진 현실과 앞으로의 길이다. 전통사회의 정적인 적막을 깨고 나타난 변화의 물결, 그것은 바로 땅을 시끄럽게 파헤치는 포크레인 소리이다. 그 변화는 개발을 추구하고, 그 내면에는 부富를 추구하는 물질적 욕망이 뿌리하고 있다. 그러나 무분별한 개발은 결국 공동체를 분열시키고 말았다. 전통적 가치를 앗아간 것이다. 그들은 치유할 수 없는 상처를 입었고, 다시는 전통시대 평화를 유지할 수 없게 되었다.

과거·현재·미래의 시간 속에서 현재의 우리는 분명 왔다가 가는 나그네에 불과하다. 나그네 같은 우리가 이 땅의 영원한 주인은 아니다. 이 땅은 우리 마음대로 할 수 있는 것이 아니다. 우리는 삼가야 한다. 두려워해야 한다. 그래야 욕망이 이끌리는 대로 하지 않을 수 있다.

나는 문득 『중용』 첫머리에, '인간은 도에서 잠시도 벗어나서는 안 되니, 계신戒愼하고 공구恐懼하고 신독愼獨하라'고 강조한 말이 떠오른다. 『중용』은 사

나의 남명학南冥學 **읽기**

람이 하늘에 다가가려고 부단히 노력하는 것을 간곡히 말한 책이다. 그 글의 첫머리에서 '경계하고 삼가라'·'두려워하고 두려워하라'·'혼자만 아는 곳에서 신중하라'고 신신 당부를 하고 있다. 아, 이것이 바로 성인의 말씀이다. 『오래된 미래』의 저자 헬레나도 이를 말하고 싶었을 것이다. 헬레나는 이 책의 에필로그에서 다음과 같이 적고 있다.

莫見乎隱莫顯乎微故君子慎其獨也

隱暗處也微細事也獨者人所不知而己所獨知之地也言幽暗之中細微之事跡雖未形而幾則已動人雖不知而己獨知之則是天下之事無有著見明顯而過於此者

중용장구 제1장

> 라다크에서 나는 마음의 평화와 삶의 기쁨을 누리는 것을 타고난 당연한 권리라고 생각하는 사람들을 알게 되었다. 나는 공동체와 땅과의 긴밀한 관계가 물질적인 부나 고급기술과는 비교도 할 수 없이 인간의 삶을 풍부하게 만들 수 있음을 보았다. 나는 삶의 다른 길이 가능하다는 것을 알게 되었다.

> 서구사회에서 공동체를 되살리기 위해서는 탈중심화가 전제되어야 한다. 유동성은 공동체를 침식한다. 그러나 우리가 뿌리를 내리고 한 장소에 애착을 갖게 되면 우리의 인간관계는 깊어지고, 좀더 확고해지며 〈그것이 장시간 계속되면〉 좀더 의지할 수 있는 것으로 된다.

헬레나는 공동체를 땅과 연결시켰고, 동적인 사

제1장 왜 남명학南冥學인가?

회가 아니라 정적인 사회에서 뿌리내리기를 권하고 있다.

이런 관점에서 나에게 또 하나 충격을 던져둔 책이, 헬렌 니어링과 스코드 니어링의 삶을 그린 『아름다운 삶, 사랑 그리고 마무리』(헬렌 니어링, 보리출판사)이다. 이 책은 '어떻게 사는 것이 진정한 삶인가?'를 깨닫게 해 준다. 그 줄거리 중에, 하나는 자연과 하나가 되는 삶을 추구하는 것이고, 하나는 남들과 더불어 사는 공동체적 삶이다. 현대인들은 외롭다. 혼자 거대한 틀 속에 갇혀 있다. 자연과 하나가 되는, 남과 하나가 되는 삶의 방식을 포기한 대가로 얻는 혹독한 벌이다. 그래서 우울증에 시달리고, 스스로 목숨을 끊기도 한다. 이렇게 되면 우리가 찾던 부유한 삶은 없어지고 만다. 헬렌 니어링과 스코트 니어링은 이를 극복하고 조화로운 삶을 추구한 선각자이다. 그들은 자연과 더불어 살고 남과 더불어 살면서 진정한 삶의 가치를 회복하였다. 그리고 그들은 천수天壽를 누리며 행복하게 살았다.

우리들이 추구해야 할 진정한 인간의 삶은 두 가지다. 하나는 자연을 정복하거나 극복하는 삶이 아니라, 자연과 하나가 되는 조화로운 삶이다. 또 하나는 나만 그렇게 사는 것이 아니라, 남들과 함께 하는 이른바 공동체 삶이다. 기실 이런 삶은 동아시아 전통 시대 유학자들의 삶의 방식과 일치한다. 그런데 서양

나의 남명학南冥學 **읽기**

에서 스코트 니어링과 헬렌 니어링이 이런 삶을 몸
으로 보여준 것이다. 작은 예를 하나 들면, 그들은 일
상생활에서 스트레스를 줄이는 묘법을 다음과 같이
제시했는데, 깊은 삶의 철학을 드러내 보이고 있다.

1. 어떤 일이 일어나도 당신이 할 수 있는 한 최선을
   다하라. (성실성)
2. 마음의 평정을 유지하라. (마음의 중심잡기)
3. 당신이 좋아하는 일을 찾아라. (자기 일 갖기)
4. 집·식사·옷차림을 간소하게 하고 번잡스러움을
   피하라. (간소, 단순화)
5. 날마다 자연과 만나고 발 밑에 땅을 느껴라. (흙
   밟기)
6. 농장일 또는 산책과 힘든 일을 하면서 몸을 움직여
   라. (노동)
7. 근심을 떨치고, 하루하루씩 살아라. (하루씩 살아
   가기)
8. 날마다 다른 사람과 무엇인가 나누라. 혼자면 누군
   가에게 편지를 쓰고, 무엇인가 주고 어떤 식으로든
   누군가를 도와라. (공동체 나누기)
9. 삶과 세계에 대해 생각해 보는 시간을 가져라. 할
   수 있는 한 생활에서 유머를 찾아라. (인간과 세계
   에 대한 성찰)
10. 모든 것에 내재해 있는 하나의 생명을 관찰하라.
    (생명과 존재에 대한 성찰)
11. 모든 피조물에 애정을 가져라. (남이나 다른 생명
    체에 대한 존중)
    ※ 괄호 속의 글은 필자의 생각임

이런 삶은 자연과 하나가 되고 모든 생명체와 하나가 되는 것이다. 자연과 하나가 되는 조화로운 삶과 너와 내가 하나가 되는 공동체적 삶은, 그 근원으로 소급해 올라가 보면 하나의 뿌리에서 만난다.

그것을 잘 설명해 준 것이 틱낫한의 『첫사랑은 맨처음 사랑이 아니다』(이현주 옮김, 나무 심는 사람)라는 책이다. 이 책은 베트남 출신 승려 틱낫한이 불경의 심오한 철학을 현대적으로 알기 쉽게 설교한 내용이다. 그 가운데 『금강경』의 아상我相·인상人相·중생상衆生相·수자상壽者相을 설한 것은 매우 인상적이다. 그는 어떤 개체이든 독립적으로 혼자 존재하는 것이 아니라, 거대한 네트워크 속에서 존재한다고 말한다. 그래서 '나'라고 하는 개체에 집착해 보지 않고, 깊게 들여다보기(위파사나)를 통해 본질적 관계를 보라고 한다. 그러면 나와 너, 그리고 다른 생명체들과 과거로부터 지금까지의 시간들이 하나로 보일 것임을 확신한다. 나와 너, 그리고 공간과 시간 속의 모든 것들이 하나로 연관되어 있다는 것이다. 이를 관조하면 나와 너는 다르면서 같은 생명체가 될 수 있다. 이것은 곧 자연과 조화를 추구하는 삶이고, 너와 내가 하나가 되는 공동체적 삶이다. 그의 말을 직접 들어보자.

어떤 보살이 자아·사람·생물·수명이라는 것이 따로 존재한다는 생각에 붙잡혀 있다면, 그 사람은 진

나의 남명학南冥學 읽기

정한 보살이 아닙니다. 자아라는 것이 자아 아닌 요소
들로 이루어져 있음을 제대로 안다면, 우리는 자아니
비자아니 하는 관념에 사로잡혀 있거나 그것들을 겁내
지 않을 것입니다. 만일 우리가 자아라는 관념이 해롭
거나 위험한 것이라고 말한다면 비자아라는 관념은 더
위험하겠지요. (59쪽)

　　『금강경』은 사람이 아닌 요소들로 이루어져 있음
을 가르치지요. 나무가 없으면 사람도 있을 수 없는 거
예요. 풀·물·하늘이 없으면 사람도 없는 것입니다.
(60쪽)

　　우리가 『금강경』을 읽고 자아·사람·중생·수명
이라는 네 가지 관념을 깊이 들여다보면 자아와 자아
아닌 것, 인간과 인간 아닌 것, 중생과 중생 아닌 것,
수명과 수명 아닌 것 사이에 경계가 없음을 발견하게
됩니다. 푸른 들판 위를 걸어갈 때 우리는 우리 몸이
공기·태양·흙·물로 이루어졌고, 그래서 생물이든
무생물이든 존재하는 모든 것에 연결되어 있는, 땅과
하늘의 자녀라는 사실을 알게 됩니다. 이것이 무아를
닦는 거예요. 부처님은 우리에게 마음을 모아 모든 존
재의 '서로 안에 있음'·'무아'·'무상'에 대해 깨어 있
으라고 하십니다. (75쪽)

　　한 가지 사물을 깊게 만나면, 모든 사물이 거기에
있어요. (147쪽)

　　『반야바라밀다심경』에서는 "색色이 곧 공空이고,
공空이 곧 색色이다[色卽是空 空卽是色]"라고 하여, 현
상계의 존재인 색과 본연의 공이 다르지 않음을 강

제1장 왜 남명학南冥學**인가?**

조한다. 그래서 의상대사義相大師는 "하나 속에 일체가 있고, 많은 것 속에 하나가 있다[一中一切多中一]"고 한 것이다. "하나가 둘이고 둘이 곧 하나다[一而二二而一]"라는 말은 논리적으로 모순처럼 느껴지지만, 형식논리를 벗어 던지고 나면 얼마든지 이해가 가능하다. 이는 무엇을 말하는 것일까? 바로 너와 나의 대립적 시각을 극복하고, 너와 나의 조화를 추구하는 것이다. 즉 아상我相과 인상人相을 극복하는 것이다. 그리고 수많은 개체들이 모여 살지만 궁극적으로 하나라는 논지는, 모든 생명체의 공생을 꾀하는 지극한 말씀이다. 이는 공간과 시간을 통틀어 존재하는 것이다. 즉 너와 나, 공간과 시간을 뛰어 넘을 때 '우리'는 진정한 삶을 만날 수 있다는 것이다.

이제 전통시대 우리 선인들의 사유 속에서 이런 의식을 다시 확인해 보자. 우선 조선시대 지식인들의 필독서 중 하나였던 『중용』이라는 책을 보기로 한다. 이 책은 인간이 끝없이 자신을 갈고 닦아 하늘에 이르기를 구하는 내용이다. 그런데 그렇게 하기 위해 필요한 방법이 바로 '중용中庸'이다. '중中'은 마음이 한 쪽으로 치우치거나 어디에 의지하지 않는 것이며, 마음이 지나치거나 미치지 못함이 없는 것이다. 그리고 '용庸'은 늘 그런 마음을 잠시도 쉼이 없이 유지해 나가는 것이다. 곧 '마음의 중심잡기'와 '부단히 실천해 나가기'이다.

나의 남명학南冥學 읽기

중심잡기는 균형감각이다. 그런데 중심잡기는 움직이면 중심이 흐트러지기 쉽다. 그래서 매우 정적靜的인 것을 요구한다. 그리고 그 정적인 가운데서 무無我를 만드는 것이 아니고, 부단히 주체로서의 자아가 경계하고 삼가며 두려워하면서 도덕적 긴장을 늦추지 않는 것이다. 이것을 예전 학문에서는 '계신공구戒愼恐懼'라 하였다. 그러니까 중심잡기에서 가장 우선시 되어야 할 것이 바로 '두려워함'인 것이다. 앞에서 우리 사회에 돋보기를 들이대 보았듯이, 우리는 그 누구도 이에 무관심하다. 두려워하지 않는다. 그러므로 중심잡기도 우리에게 관심의 대상이 아니다.

중심잡기는 확실히 동물보다 식물에게서 그 장점을 찾을 수 있다. 그래서 일본의 어떤 학자는 『중용』의 요지인 '성誠'을 식물성으로 보았다. 동물은 항상 움직이기 때문에 아무리 강한 백수百獸의 왕일 지라도 대상에 집착해 자신을 돌아볼 여유가 적다. 반면 나무와 같은 식물은 한 번 운명이 정해지면 순응順應하는 법을 배운다. 그래서 바위틈에서 태어나 자라도 천 년을 사는 경우도 있다.

나는 그런 나무를 보면, '하늘을 이고 살기 때문'이라 여겨진다. 늘 하늘을 우러르며 하늘과 하나가 되는 마음으로 온갖 인고忍苦의 세월을 보냈기 때문에 천 년을 산다고 생각된다. 하늘을 이고 살면, 중심잡기는 저절로 된다. 나는 이를 두고 '식물성으로 인

제1장 왜 남명학南冥學**인가?**

생살기'라고 한다. 이런 진리를 현대의 우리들은 눈여겨보지 않고 있다. 우리는 나무들처럼 땅에 뿌리를 내리고 하늘을 받들고 살아야 한다. 이 길만이 인간다운 삶을 사는 길이다.

땅에 뿌리를 내리고 하늘을 받들고 살면, 나무처럼 될 수 있다. 그리고 그런 사람은 이 세상의 자연과 모두 하나의 네트워크 속에서 통하는 삶을 살 수 있다. 실제로 우리 역사 속에 그런 인물이 있다. 『삼국유사』에 의하면, 신라 시대 포산包山(현 경상북도 달성군 비슬산)에 두 성인이 살고 있었는데, 모두 스님들이었다. 한 분은 이름이 관기觀機이고, 한 분은 이름이 도성道成이었다. 그들의 세속적 신분은 알려진 것이 없다. 이들은 포산에 은거하여 살았다. 관기는 남쪽 고개의 암자에서 살고, 도성은 북쪽 바위틈에 집을 짓고 살았다. 이 두 사람이 사는 암자는 10리쯤 떨어져 있었다. 이들은 구름·달 및 포산의 모든 생명체들과 벗하며 살았다.

그런데 북쪽에 사는 도성이 문득 남쪽에 사는 관기를 보고 싶어 하는 마음이 생기면, 온 산의 나무들이 모두 관기가 사는 남쪽을 향해 구부려 마치 절을 하고 맞이하듯이 하였다. 그러면 관기는 그 나무들을 보고 북쪽의 도성을 찾아가 만났다. 관기가 도성을 초청하고 싶은 마음이 생길 경우에도, 나무들은 다시 북쪽을 향해 허리를 굽혔다.

관기와 도성은 두 사람의 인간으로서만 산 것이
아니고, 그 산의 온 나무들과 하나가 되어 살았던 것
이다. 사람과 나무의 마음이 하나로 통한 것이다. 하
나로 통하면 거기에 하늘이 있다. 돌아가면 도성이고
관기이고 나무이지만, 하나로 통하면 거기에는 하늘
만이 존재한다. 나는 이 이야기를 두 사람의 이야기
로만 보고 싶지 않다. 틱낫한이 언급한 대로 아상·
인상·중생상·수자상을 벗어 던지면, 온갖 생명체
가 하나가 되어 존재하는 삶이 나타나리라 본다.

　　몇 년 전 김지하 시인이 내가 근무하는 학교에 연
사로 초빙되어 그 특유의 생명철학을 강의하였다. 80
년대 후반 그가 운동권에서 슬그머
니 자취를 감추었을 때, 많은 사람들
이 배신자라고 의심하였다. 그러나
그는 생명을 경외敬畏하는 쪽으로 시
선을 돌리고 있었던 것이다. 그는 서
양이론을 섭렵한 바탕 위에 우리의
것을 끌어다 참신한 이론을 전개했
다. 그 가운데 내 귀에 쏙 들어온 것
이 신라시대 최치원崔致遠 선생의 말
씀 가운데 '접화군생接化群生'이라는
말을 끌어다 생명사상을 설한 것이
다. '접화군생'은 간단히 말자면, 인
간이 모든 생명체와 하나의 네트워

최치원 초상

제1장 왜 남명학南冥學인가?

크를 형성해 변화해 나간다는 말이다.

그 뒤로 나는 '접화군생'이라는 말을 화두로 들었다. 그러면서 "나와 친한 이를 친애하고 나서 나와 별 상관이 없는 사람들에게까지 사랑을 미쳐나가고, 사람들에게 사랑을 충분히 나누어준 뒤에는 다른 생명체를 사랑하라[親親而仁民 仁民而愛物]"는 맹자의 말씀이 자꾸 뇌리를 스쳤다. 유학은 자기로부터 사랑을 펴서 온 세상에 널리 확산시켜 나가는 것이다. 묵자墨子처럼 무조건 겸애주의兼愛主義로 나가는 것이 아니다. 나는 이런 생각이 실질적으로 타당하다고 본다. 이 화두를 든 지 얼마 뒤, 최치원 선생의 '접화군생'은 인간을 모두 사랑하고 나서 금수禽獸나 초목草木 같은 다른 생명체로까지 그 사랑이 확대된 것이라 여겨졌다. 그래서 나는 『시경』에 있는 주周나라 문왕文王을 찬양한 시에 다음과 같은 구절을 떠올렸다.

문왕이 영대靈臺를 처음으로 경영해 / 그 일을 계획하고 그 일을 추진했네 / 서민들이 달려와 그 일을 해 주어서 / 오래지 않아 그 공사가 끝이 났네 / 문왕이 경영하기를 서두르지 말라 하셨으나 / 백성들은 자식처럼 달려와 일을 했네 / 문왕이 영대 옆의 동산에 계실 적에 / 사슴들은 그곳에서 편안히 노닐었네 / 사슴들은 살이 쪄서 윤기나 반질반질 / 백조들도 여유로와 깨끗하고 깨끗하네 / 문왕이 영대 옆의 연못에 계실 적에 / 아! 연못 가득 물고기들 뛰노네.

나의 남명학南冥學 읽기

문왕이 정성精誠으로 세상을 다스리자, 온 세상 사람들이 모두 감복하여 하나가 되었다. 그래서 문왕이 누대를 만들려 하자, 온 백성들이 다투어 자기가 그 일을 하고 싶어 했다. 임금과 백성이 하나가 된 것이다. 그런데 문왕의 덕화는 여기서 그치지 않았다. 그 시대 그가 다스리는 지역에 살고 있는 하늘을 나는 날짐승과 땅에서 사는 길짐승과 물에서 사는 어류魚類에 이르기까지 다 그 은택을 입어, 모두 자기 자리에서 태평스런 삶을 누리고 있다. 백조는 근심이 없어 털 색깔이 하얗고 깨끗하며, 사슴은 살이 쪄서 몸에 윤기가 반들반들 흐른다. 그리고 연못에도 뛰노는 물고기들이 가득하다. 문왕의 덕화가 이처럼 그 시대 그 지역의 모든 생명체들을 넉넉히 살게 해 준 것이다. 모든 생명체가 하나가 되어 살고 있는 것이다. 아! 얼마나 행복한가.

최치원 선생의 '접화군생'이란 말도 이와 같지 않을까? 이것이 바로 관기·도성의 마음이고, 틱낫한의 마음이다. 성인이 자연과 하나가 되어 살아가는 삶의 모습이 이렇게 구체적으로 보이는 것이다. 그래서 나는 확신이 생겼다. 이것이 바로 오늘날 우리들에게 절실히 요구되는 삶이라고.

나는 유학의 정신을 '지금, 여기, 우리(너와 나)가 어떻게 살 것인가'에 있다고 정리한다. '지금'은 우리 시대 현실이다. '여기'는 우리가 살고 있는 이 땅이

제1장 왜 남명학南冥學인가?

다. 크게는 우주나 지구 전체가 될 수 있고, 작게는 우리나라 사회다. 이 사회를 '어떻게 만들어 나갈 것인가'는 전적으로 너와 나 우리들의 손에 달려 있다.

지금과 같은 삶의 방식은 국민들에게 희망을 주지 못한다. 그리고 결국 인간성 자체를 상실하게 하고 말 것이다. 환경의 생태계가 이미 중요한 현안으로 부각되었듯이, 우리의 정신적 삶도 중요한 이슈가 되어야 한다. 우선 자연과의 조화로운 삶을 지향해야 하고, 공동체적 삶을 잊어서는 안 된다. 그리고 개개인은 나무처럼 땅에 뿌리를 내려 중심을 잡고, 하늘을 떠받들고 우러르며 살아야 한다. 나는 이것이 가장 이상적이며 가장 바람직한 대안이라고 생각한다.

3. 전통과 현대의 조화

1) 현대학문의 문제점

나는 위에서 땅에 뿌리를 내리고 하늘을 떠받들고 사는 것을 바람직한 삶으로 보았다. 그러나 그것을 현대인들에게 적용하기란 어려울 것이다. 다만 그런 의식을 우리 저변에 확산시켜 지금과 같이 사는 방식에 진지한 물음을 던지게 할 수밖에 없다. 물음

나의 **남명학**南冥學 **읽기**

을 던지고 답을 찾는 것은 각자의 몫이다.

이제 현대사회의 문제에서 학문의 영역으로 범위를 좁혀 현대학문의 문제를 검토해 보기로 하겠다. 나는 현대학문을 기술과 정보로 집약하고 싶다. 대부분의 사람들이 모든 가치를 여기에 두고 있다. 그렇다면 전통학문은 어디에 가치를 두고 있을까? 전통학문은 두 말 할 것 없이 인문학이고, 그 핵심에 유학儒學이 있다. 이를 통해 상호 비교해 보기로 한다.

유학의 이념은 수기修己·치인治人이다. 이를 달리 말하면, 내성內聖·외왕外王이라고도 한다. 내성은 내적으로 성인이 되기를 희구하는 것이고, 외왕은 외적으로 왕도정치를 현실사회에 구현하여 태평성대를 만드는 것이다. 즉 내적으로는 자신의 심성心性을 부단히 수양하는 것이고, 외적으로는 자신의 덕을 주변에 펴서 공유하는 것이다. 대승불교에서 '위로는 진리를 구하고[上求菩提]', '아래로는 중생을 교화하는[下化衆生]' 것과 마찬가지이다. 이 두 축은 지식인[士]이라면 어느 시대고 당면하는 문제가 아닐 수 없다. 진리를 터득하기 위한 지적탐구와 그것을 사회적으로 확산하는 실천적 행보는, 학문을 살아 숨 쉬게 하고 사회를 정의롭게 하는 원동력이 된다.

이러한 인식을 바탕으로 전통학문을 구체적으로 들여다보자. 조선시대 학문은 사서오경四書五經이 중

제1장 왜 남명학南冥學인가?

심이었는데, 그 중에서도 사서四書가 중요하고, 사서 중에서도 『대학大學』이 학문의 근간根幹이었다. 『대학』은 삼강령三綱領과 팔조목八條目으로 되어 있다. 삼강령이란, 자신의 명덕明德을 밝히는 명명덕明明德, 그 덕을 대중과 함께 공유하는 신민新民, 그리고 궁극적 목표인 지어지선止於至善을 말한다. 이것이 전통시대 지식인들의 삼대 목표였다.

　『대학』에서는 이를 다시 세분하여 팔조목으로 설명하고 있는데, 이를 도표화하면 다음과 같다.

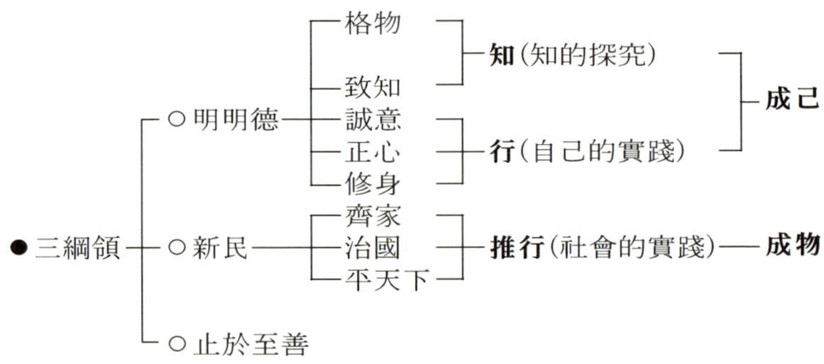

이 그림에서 알 수 있듯이, 학문의 두 축은 위에서 말한 명명덕과 신민이다. 그런데 이를 팔조목으로 세분해 보니, 자신의 명덕을 밝히기 위해서는 격물格

대학장구 경일장

나의 남명학南冥學 읽기

物·치지致知의 지적탐구가 우선 필요하고, 다음에는 그 진리를 자기 것으로 만드는 자기실천이 뒤따라야 한다. 그래야 완성된 지식인이 될 수 있다. 특히 지식인은 지적탐구만을 추구하는 것이 아니라, 마음가짐[存心]과 몸가짐[操身]을 엄격히 하는 자기실천이 강조되어 있는데, 위 그림의 성의誠意·정심正心·수신修身이 그것에 해당한다. 이처럼 자신을 완성시킨[成己] 뒤에는, 자신의 덕을 확대해 남들까지 훌륭한 인격체로 완성시켜주는 이른바 성물成物, 즉 사회적 실천이 뒤따라야 한다.

나는 전통학문의 장점과 현대학문의 맹점이 바로 여기에 있다고 생각한다. 예전의 지식인들은 격물·치지를 통해 진리를 탐구하였고, 그것을 자기화 하기 위해 부단히 성의·정심·수신하여 몸과 마음을 바르게 만들었다. 오랫동안 이를 스스로 실천하며 닦았던 것이다. 나는 이를 '자기실천'이라 부른다. 그리고 나서 사회적으로 그것을 미루어 펴려고 하였다. 나는 이것을 '사회적 실천'이라 부른다. 그런데 오늘날에는 지식을 자기화하는 단계, 즉 자기실천이 빠져 있다. 그러다 보니 기술이나 발명하고 이론이나 만들면 최고인줄 안다.

조금 깨인 사람들은 사회의 병폐에 눈을 돌린다. 그리하여 그것을 치유하는 데 급급해 한다. 그러나 정작 자신으로 시선을 돌려 자기정화自己淨化를 하는 데에는 소홀하다. 그래서 나는 우리시대에 가장 절실히 필요한 것이 자기정화라고 생각한다. 그리고 이 자기정화를 하는 길이 전통학문 속에 온전히 들어 있다고 생각한다. 이것이 유교르네상스를 불러오는 길이고, 우리 사회를 정상적으로 성숙시키는 길일 것이다.

우리는 짧은 기간 안에 민주·자유·평등의 지고한 가치를 이룩하였다. 그러나 우리의 모습을 직시하면, 우리 사회는 분명 저질평등주의사회라고 하지 않을 수 없다. 자기 기분대로 아무나 욕하고 아무렇게 말한다. 아무도 존경하지 않는다. 아무도 두려워하지 않는다. 이런 사회가 바로 저질평등주의사회이다. 나는 앞에서 이런 사회를 금수의 세상이라고 혹평하였다.

이런 사회에서는 성숙된 가치를 찾기 어렵다. 우리는 이제 성숙된 가치를 다시 창조해 나가야 한다. 서양에서 노블레스 오블리주(양심적 지식인 계층)가 사회의 중추적 역할을 하여 건전한 사회를 유지하고 있듯이, 우리는 우리 시대에 맞는 새로운 선비상을 정립해야 한다. 그래서 현대적 선비가 다수 배출되어 이 사회를 이끌어 나가야 한다. 그러기 위해 가장 시급한 것이 '지식인의 자기정화'이다.

나의 남명학南冥學 **읽기**

2) 오늘날의 실학實學은 정덕正德에 있다

　전통시대 필독서였던 『서경書經』에는 공부하는 사람이 추구해야 할 세 가지 일[三事]을 제시하고 있는데, 정덕正德·이용利用·후생厚生이 바로 그것이다. 곧 예전 사람들은 자신의 덕을 반듯하게 정립하는 일[正德], 일상에서 쓰는 것을 편리하게 하는 일[利用], 인간의 삶을 풍요롭게 하는 일[厚生]을 학자의 사명으로 인식한 것이다. 그런데 이 세 가지 일 가운데 정덕을 맨 앞에 놓았다. 왜 그랬을까? 인간이 인간답지 못하면 그 나머지는 아무 소용이 없기 때문이다. 공자孔子가 『논어』에서 글공부를 하기 전에 효孝·제悌·충忠·신信의 인간됨을 극구 강조한 것이 바로 그것이다.

　인류의 문명이 점점 발전하면서 정덕의 문제에 대해 깊이 있는 사색이 이루어졌다. 그리하여 '덕을 바르게 하기 위해 어떻게 할 것인가'에서부터 시작하여, '자신을 어떻게 수양해 나갈 것인가' 하는 문제들에 집중하게 되었다. 그 결과 인심人心·도심道心, 사단四端·칠정七情, 이理·기氣 등 인간과 우주 본질에 대한 진지한 탐구가 이루어졌고, 성리학의 사유체계가 완성되었다. 자아를 통찰하여 조화로운 삶을 추구하려는 인문학이 극치를 이룬 것이다. 그런 분위기 속에서 사람들은 정덕의 문제에만 매달리게 되었고, 나중에는 그 속에서 다시 실천적 수양보다는 이론적 탐구에만 치중하게 되었다. 그래서 결국 이용·후생을 등한시하는 풍조가 나타났다.

이에 대한 반성으로 나타난 것이 우리 역사상 18~19세기의 새로운 학풍인 실학實學이다. 실학은 정덕에만 치중하는 학문풍토를 개선하여 이용·후생에도 관심을 갖자는 것이었다. 이는 한 쪽으로 치우친 풍조를 바로잡아 균형을 이루자는 것으로, 이용·후생을 중시한다고 해서 정덕을 버리자는 것은 아니다. 그런데 현대학문 체제로 들어오면서부터 정덕은 어디론지 아예 사라지고 말았다.

오늘날 우리 교육은 어떤가? 이론·기술·정보 등을 전달하는 데서 그칠 뿐, 덕성을 함양하는 교육은 거의 포기하고 있다. 말로만 전인교육을 강조할 뿐, 어떤 것이 인간다운 것인지에 대해서는 관심이 없다. 더구나 신지식인·벤처 등 최근 유행하는 말들을 보면, 모두 돈을 버는 데 초점이 맞추어져 있다. 대학의 교육도 오로지 영어교육이 판을 치고 있다. 인간다운 인간을 만드는 것이 아니라, 영어를 잘하고 돈을 잘 버는 사람을 만드는 데 목표를 두고 있는 것이다.

한 마디로 현대교육은 인간다운 삶의 길을 포기한 채, 어떻게 하면 돈을 잘 벌 것인가에 관심을 쏟고

나의 남명학南冥學 **읽기**

있다. 그러나 나는 바른 덕을 가진 인간으로 만드는 것이 교육의 첫 번째 목표라고 생각한다. 그래서 나는 오늘날의 실학은 정덕에 있다고 감히 말한다. 이용·후생을 위해 세계화·정보화는 꼭 필요하다. 그러나 그 밑바탕에는 올바른 덕성을 함양한 인간, 주체적 자아를 확립한 인간이 자리해야 한다.

예전 사람들은 남에게 보이기 위한 학문[爲人之學]이 아닌, 자신을 실제로 향상시키는 학문[爲己之學]을 늘 강조했다. 그런데 오늘날의 교육은 모두 남에게 보이기 위한 학문이다. 단순히 지식과 기술만을 습득하는 공부는 인격을 완성하는 공부와는 거리가 멀다. 오늘날 우리에게 가장 절실한 문제는, 어떻게 하면 올바른 덕성을 갖춘 사람을 만들 것인가에 눈을 돌리는 일이다. 그리하여 성실하고 예절 바르고 떳떳하고 당당한 인격을 갖춘 사람을 길러내는 것이 우리 시대의 사명일 것이며, 그것은 결국 유교의 가르침에서 찾아야 할 것이다.

3) 현대학문의 공백과 그 대안으로서의 남명학

위에서 나는 현대학문의 가장 큰 문제점으로, 이론·기술·정보 등만을 습득하는 데 목표를 두고, 지식을 자기화 하는 자기실천이 없는 점을 지적하였다. 그리고 현대학문에서 가장 시급하게 추구해야 할 것이 정덕正德, 즉 자기 수양을 통한 도덕성 함양에 있다고 보았다. 그리고 이제 그 구체적 방법으로 나는 남명학을 거론하고자 한다.

남명학은 우리들의 부족한 50%를 채워줄 가장 확실한 대안이다. 남명이 보여준 철저한 수양정신을 통해 자기를 정화하지 않고서는, 우리 시대의 정신을 치유할 다른 방도가 없다. 그대로 두면, 우리는 기계문명과 물질문명에 예속된 인간성을 상실한 인간이 될 것이다. 인격이 없으면 중세의 노예나 마찬가지이다. 오늘날 우리 사회를 금수의 세상이 아닌 인간다운 문명사회를 건설하려면, 남명학보다 더 좋은 것은 없다. 그것은 전통문화가 가지고 있는 가장 빛나는 보석이기 때문이다.

전통의 빛나는 문명과 현대의 우수한 기술을 접목시키면, 현대문명은 단순한 기술문명이나 물질문명이 아니라, 전통문명의 우수한 정신을 바탕으로 한 것이 된다. 따라서 과학과 정신이 조화된 격조 높은 새로운 문명을 만들게 된다. 우리는 남명학을 현대에 되살려 이런 새로운 문명사회를 건설해 보자는 것이다.

물론 남명학만이 유일한 수단은 아니다. 퇴계학退溪學이나 율곡학栗谷學 등 전통문화의 우수한 장점은 모두 현대문명의 자양분이 될 수 있다. 다만 우리 경상우도 지역에서는 남명의 영향이 500년 가까이 내려왔기 때문에 남명을 표상으로 하여 우리의 정신

나의 남명학南冥學 **읽기**

문화를 건설하기가 그 어느 곳보다도 쉽다. 그래서 우리 지역에서는 남명학이 가장 좋은 대안이라고 한 것이다.

기실 나는 앞으로 논의할 남명학을 말하기 위해, '전통과 현대'라는 거창한 주제를 끌고 들어왔고, '전통사회와 현대사회', '전통학문과 현대학문'을 통해, 우리에게 부족한 것이 무엇인지를 지적했다. 서론이 장황하다 싶을 정도로 이런저런 이야기를 했다. 그것은 내 나름대로 이유가 있어서이다. 여러 차례 강연을 해 본 결과, 남명의 정신이나 사상에 대해서만 이야기를 하면, '과거의 남명'과 '현대의 우리'는 만나기가 참으로 어렵다. 예전 학자들의 학문과 사상을 오늘날 대중화시키기란 참으로 어려운 일이다. 어찌 보면, 학문이나 사상 같은 고급 정신문화는 아예 대중화가 될 수 없는 것이라는 생각도 든다.

솔직해 말해, 대학을 졸업한 사람들에게 퇴계退溪 선생이나 남명 선생, 또는 다산茶山 선생에 대해 아는 대로 말을 해 보라고 하면, 대부분 한두 마디 말을 하고는 더 이상 이야기를 하지 못한다. 누구를 탓할 일이 아니다. 정신문화는 그렇게 말로 전달할 사안이 아니기 때문이다. 퇴계와 고봉高峯 기대승奇大升이 오랫동안 편지로 논쟁한 사단칠정론四端七情論은 아무리 말을 잘 하는 사람도 대중들에게 이해시키기 어렵다.

그렇다고 요즘 풍조처럼 그저 쉬운 것만 가르쳐서는 안 된다. 지금도 낮은 수준의 저질평등주의 문화가 판을 치는데, 자꾸 쉬운 쪽으로만 가면 고급문화는 사라지고 만다. 그래서 비록 소수이긴 하더라도 고급문화를 전파할 대상을 찾아 전달하는 것이 효과적일 것이다. 즉 남명학을 대중화시키기보다는 관심이 있는 사람들을 대상으로 자주 강연을 하고, 전문적 식견이 있는 이들에게 전해주어야 한다. 일선 공무원들은 남명학의 대중화를 거론하지만, 나는 공무원·교육자·사회 각계의 원로들에게 남명학을 강연할 기회를 자꾸 만들어 나가는 것이 훨씬 효과적이라고 생각한다. 바로 지식층에게 전파하는 것이 중요하지, 일반인 모두에게 남명학을 알릴 수는 없다고 본다.

나의 남명학南冥學 **읽기**

남명南冥의 생애, 그 몇 가지 국면

이제 우리는 남명을 만나러 왔다. 그러나 남명은 보이지 않는다. 그래서 먼저 첫 번째 질문을 던진다. "남명南冥 조식曹植은 누구인가?" 『한국민족문화대백과사전』에는 남명에 대해 다음과 같이 기록하고 있다.

조식曹植[1501(연산군 7)~1572(선조 5)]. 조선 중기의 학자. 본관은 창녕. 자는 건중楗仲, 호는 남명南冥. 생원 안습安習의 증손으로, 승문원 판교 언형彦亨의 아들이며, 어머니는 이씨李氏이다. …

사전식 서술은 주요한 정보를 제공해 주지만, 피상적이어서 그 실체를 만나기는 어렵다. "남명은 어떤 사람인가?", "그는 어떻게 살았는가?" 이를 이해하기 위해 그의 생애 가운데 중요한 국면을 포착해, 그의 마음이 어디에 있었는지를 살펴보기로 하겠다. 나는 그의 생애를 다음과 같이 크게 나누어, 특징적인 삶의 모습을 엿보고자 한다.

① 한양 거주 시대 : 기초학문 학습 및 과거 준비 시기
  / 26세 이전
② 산해정山海亭 시대 : 성리학에 침잠하던 시기
  / 30세~45세
③ 뇌룡정雷龍亭 시대 : 성리학을 자기화 하던 시기
  / 48세~61세
④ 산천재山天齋 시대 : 남명학을 완성하던 시기
  / 61세~72세

남명은 현 경상남도 합천군 삼가면三嘉面 토동兎洞 외가에서 태어났다. 거기에서 5~6세 정도까지 자라다 부친이 과거에 급제해 벼슬살이를 하게 됨으로써 한양으로 이사를 하였다. 그리고 한양에서 유년기·소년기·청년기를 보냈다. 26세 때 부친상을 당해 고향 삼가에서 삼년상을 치른 뒤, 서울로 가지 않고 의령宜寧 자굴산闍崛山 명경대明鏡臺 밑의 암자에 들어가 1년 남짓 글을 읽었다. 그러다 처가가 있는 김해金海로 내려가 약 15년 동안 학문에 깊이 침잠하였다. 그리고 45세 되던 해 모친상을 당하여 역시 삼가에서 삼년상을 치른 뒤 김해로 가지 않고, 삼가에 정착하였다. 그리고 그곳에서 제자들과 학문을 강학

나의 남명학南冥學 **읽기**

의령 자굴산 명경대 밑 암자터

하며 약 13년을 보냈다. 그리고 61세 때 다시 현 산청
군 시천면矢川面으로 이사를 하여, 그곳에서 세상을
떠날 때까지 12년을 살았다.

이것이 남명의 생애이다. 그런데 그가 살던 집의
이름을 보면, 예사롭지 않다. 예전 사람들이 살던 거
처居處의 이름은 그 사람의 성향을 단적으로 보여준
다. 남명의 경우도 그가 붙인 집의 이름을 자세히 들
여다보면, 그의 사상이 그대로 드러난다. 이제 그 삶
의 궤적에 따라 그가 살던 집의 이름을 통해 그를 만
나보기로 하자.

남명은 25세 때 한양漢陽 인근의 산사山寺에서 과
거공부를 하고 있었다. 그러던 중 『성리대전性理大

제2장 남명南冥의 생애, 그 몇 가지 국면

全』을 읽다가, 현실세계로 나아가 포부를 펴보려던 이상을 접고, 안빈낙도의 삶을 산 공자의 제자 안회 顔回의 길을 택하기로 결심한다. 이는 산사에서 독서하다 어느 날 밤 문득 다짐한 것이 아니다. 그는 1519년 기묘사화 이후 이 문제에 대해 6년 동안 몸살을 앓듯이 고민하였을 것이다. 새로운 시대를 열고자 하던 젊은 도학자道學者들의 꿈이 물거품이 된 뒤, 보수 집권세력의 살벌한 독재정치는 숨을 죽이게 하였다. 그 정권에 나아가 기회를 엿보느냐, 아니면 재야의 길을 걷느냐 하는 선택은, 큰 꿈을 가진 젊은 유생에게 큰 고민거리가 아닐 수 없었을 것이다. 그런 고민을 남명은 6년 동안이나 하였다. 누가 그의 마음을 알았겠는가? 그러다 그는 어느 날 저녁 마침내 안회의 길을 걷기로 굳게 결심을 하고, 현실정치권으로의 진입을 포기한다. 곧 재야在野의 길, 처사處士의 길을 택한 것이다. 험한 길을 택한 것이다. 6년 동안 고민 끝에 얻은 결론이었다.

이런 선택을 한 뒤로도 그는 끝없이 번민의 밤을 보냈을 것이다. 그러던 중 26세 되던 해에 부친이 별세를 하여, 고향 삼가로 모시고 내려와 삼년상을 치렀다. 그때 역시 암울한 시대상과 불확실한 자신의 미래에 대해 끝없이 고민을 하였을 것이다. 그런 고뇌의 세월 동안, 그는 안회처럼 살기를 여러 번 다짐하였다. 그리하여 그는 삼년상을 마친 뒤, 한양으로

나의 남명학南冥學 **읽기**

올라가지 않았다. 더 이상에 한양에 거주할 이유가 없었던 것이다. 책을 싸들고 자굴산 명경대 밑의 작은 암자로 들어갔다. 책을 펴놓고 바깥출입도 삼간 채 독서를 하였다. 그러나 넉넉지 않은 살림에 산 속에서 독서한다는 것도 여의치 않았다. 그는 어려운 결정을 하여, 김해에 있는 처가로 들어간다. 그리하여 처가의 도움으로 신어산神魚山 밑에 독서당讀書堂을 마련하고 이름을 '산해정山海亭'이라 붙였다. 이른바 '산해정 시대'가 열린 것이다.

남명은 거처를 옮기고 새로운 다짐을 할 때마다 그 집에 독특한 이름을 붙였는데, 남명을 올바로 이

김해 신산서원(구 산해정)

제2장 남명南冥의 생애, 그 몇 가지 국면

해하기 위해서는 그 이름을 간과해서는 안 된다. 산해정이란 이름은 어떤 의미로 붙인 것일까? 흔히 "높은 산에 올라 바다를 바라본다"는 뜻을 딴 것이라 한다(허권수 교수의 『절망의 시대 선비는 무엇을 하는가』). 나는 여기에 약간의 견해를 덧붙이고자 한다. 남명은 집의 이름을 산해정山海亭이라 하고, 방의 이름은 계명실繼明室이라 하였다. 그리고 책상머리에 좌우명座右銘을 다음과 같이 써 붙였다.

庸信庸行　　말은 항상 미덥게 행동은 항상 삼가며,
閑邪存誠　　사악한 마음 막고 성심을 보전하라.
岳立淵沖　　산처럼 우뚝하고 연못처럼 깊으면,
燁燁春榮　　봄날의 영화처럼 찬란하고 찬란하리.

산해정 현판

'계명繼明'은 『주역』이괘離卦 상사象辭에 "대인이 이괘離卦의 뜻으로써 자신의 명덕을 이어 밝혀 사방에 비춘다[大人 以 繼明 照于 四方]"는 뜻에서 따온 것이다. 즉 그 방안에서 성현이 밝혀 놓은 도를 가지고 자신의 명덕을 이어 밝혀 온 세상에 비추겠다는 원대한 포부와 각별한 다짐을 한 말이다. '남쪽 어두운 바닷가에 사는 사람'이라는 뜻으로 붙인 '남명南冥'이

나의 남명학南冥學 **읽기**

라는 자호自號 속에는, 이처럼 크게 뜻을 세운 그의 마음이 들어 있다. '어두운 바닷가'는 현실세계이다. 남명은 그곳에서 묵묵히 공부하여 그와 같은 현실세계를 문명의 세계로 만들고자 한 것이다. 그리고 그 길은 자신을 닦아 성인처럼 되는 데 있음을 알았다.

위 좌우명의 제3구에 '산처럼 우뚝하고 연못처럼 깊게[岳立淵沖]'라고 한 것을 보면, 남명이 자신의 독서당을 '산해정'이라 이름 붙인 뜻이 잘 드러난다. '산처럼 우뚝한[岳立]'이라고 한 것은 외적인 자세이다. 그가 「제덕산계정주題德山溪亭柱」라는 시에서 '하늘이 울어도 오히려 울지 않는다[天鳴猶不鳴]'라고 한 천둥이 쳐도 미동도 않는 지리산과 같은 산이다. 따라서 이는 천 길 절벽처럼 우뚝하게 선[千仞壁立] 드높은 정신자세를 상징한다. 그 다음 '연못처럼 깊다[淵沖]'는 것은 내면의 정신세계를 의미한다. 곧 사색을 통한 정신적 깊이이다. 그래서 나는 이 둘을 종합해 볼 때, '산해정'이라는 이름은 '산처럼 높게 바다처럼 깊게'라는 자신의 학문지향을 단적으로 내 건 것이라 생각한다. 곧 내적인 깊이와 외적인 우뚝함이다. 그 깊이는 바다처럼 깊고, 그 높이는 태산처럼 높다. 이 얼마나 장대한가!

남명은 이런 슬로건을 내걸고, 산해정에서 약 15년 동안 성리학에 깊이 침잠하였다. '우뚝한 산'이건 '깊은 연못'이건 모두 정적靜的이다. 즉 그는 그런 정

제2장 남명南冥의 생애, 그 몇 가지 국면

뇌룡정

적정寂靜 속에서 무려 15년 동안이나 책을 읽고 깊은 사색을 하였다. 그리하여 그는 성현의 말씀을 자기화 하였고, 깨달음의 언어를 토하기 시작하였다. 그가 산해정에 있을 때 '덕성德星이 김해로 모여들었다'는 일화는, 바로 그의 깨달음의 언어가 동시대 지식인들 에게 감동을 주었음을 의미한다.

남명의 나이 45세 때, 그의 모친이 김해에서 별세 하여, 삼가로 모시고 와 삼년상을 치렀다. 그리고 삼 년상을 마친 48세 되던 해에 그는 김해로 가지 않고, 고향인 삼가에 눌러 앉았다. 남명은 새로운 생활을 시작하면서 새로 지은 집에 '계부당鷄伏堂'·'뇌룡정 雷龍亭'이라고 이름을 붙였다. 이 이름 역시 심상치

나의 남명학南冥學 **읽기**

않다. 그 자신의 새로운 다짐이 깊이 스며있다.

계부당은 닭이 알을 품고 있듯이 자신의 심성을 기른다는 뜻이고, 뇌룡정은 『장자莊子』「재유在宥」의 '시거이용현 연묵이뇌성尸居而龍見 淵默而雷聲'에서 취한 것으로, 시동尸童처럼 가만히 있다가도 용이 나타나는 것처럼 신비한 조화를 부리고, 연못처럼 깊숙이 침잠해 있다가도 천둥이 치듯이 크게 울린다는 뜻이다. 계부鷄伏·시거尸居·연묵淵默이라는 말에서, 재야에 깊이 들어앉아 침잠하며 자신을 함양하겠다는 의지가 보인다. 그런데 용현龍見·뇌성雷聲이라는 말을 보면, 자신을 드러내고 자신의 목소리를 내겠다는 뜻이 분명히 들어 있다. 이를 어떻게 읽을 것인가?

나는 이렇게 생각한다. 계부鷄伏·시거尸居·연묵淵默은 정적靜的이고, 용현龍見·뇌성雷聲은 동적動的이다. 평소에는 깊숙이 들어앉아 자신의 마음을 부단히 존심양성存心養性하겠다는 것이다. 닭이 알을 품고 새 생명을 부화하듯이, 그렇게 정성을 기울여 마음을 보전하고 본성을 기르겠다는 다짐이다. 그 자세는 시동처럼 조금도 흔들림이 없다. 그리고 용이 깊은 연못에 잠겨 있듯이 고요하다. 숨막히는 정적이다. 개미새끼 한 마리 얼씬거리지 않는 뜰 안의 적막, 그 자체이다.

그런데 그런 남명의 마음은 닭이 알을 품고 있듯이, 살아 숨 쉬고 있다. 숨소리가 들리지 않을 정도로

제2장 남명南冥의 생애, 그 몇 가지 국면

고요하지만, 또렷한 정신은 살아 있다. 남명의 평소 공부는 이처럼 매우 정적이다. 바람에 나뭇잎 하나 일렁이는 것조차 허용하지 않는다. 마음에 티끌이 하나도 일어나지 않는 지경이다. 그러나 이런 평소의 마음은 고목枯木처럼 생명의 기운이 다해 말라 있는 것이 아니다. 활발하게 살아 있다. 그러기 때문에 용처럼 신비하게 그 모습을 드러낼 수 있으며, 천둥처럼 이 세상에 큰 울림을 줄 수 있다.

남명은 정적인 데에 머물러 꼼짝도 않는 목석木石 같은 정신을 추구하지 않았다. 그의 활발하게 살아 있는 정신은 정적인 면을 바탕으로 하면서도 동적인 요소를 내포하고 있다. 오랫동안 정적인 상태에서 축적된 에너지는 한 번 움직이면 그 분출이 상상을 초월한다. 마른하늘에 용이 나타나 먹구름을 몰고 오며, 온 천지를 뒤흔드는 우렁찬 천둥소리가 되기도 한다. 용은 신비한 조화를 부리는 매우 동적인 동물이다. 따라서 용의 이미지는 역동적인 움직임을 상징한다. 평소의 정적인 수양이 때로는 활발하게 일어나 역동성을 갖는다.

남명은 삼가 뇌룡정 시대를 열면서, 이런 거대한 정신적 지향을 밑그림으로 그렸다. 아! 얼마나 장대한 일인가. 오래도록 묵묵히 축적한 그 힘을 이 세상을 향해 힘차게 분출하고자 하는 살아 있는 정신세계, 그 누가 이보다 클 수 있겠는가? 그러나 이런 그

나의 남명학南冥學 **읽기**

의 동적인 울림은 그리 많지 않았다. 예컨대 1555년 단성현감을 사직하면서 올린 상소가 그런 울림을 크게 울린 것이라 하겠다.

남명은 61세 되던 해 짐을 꾸려 현 산청군 시천면 사리絲里, 흔히 덕산德山이라 부르는 곳으로 들어간다. 이곳은 지리산 깊숙한 곳이다. 왜 들어갔을까? 얼른 그 의도를 알아차리기 어렵다. 당시 남명은 덕산으로 이사를 할 하등의 이유가 없었다. 그것도 61세 된 노인이 무엇 때문에 산 속으로 깊이 은거하겠는가? 이런 남명의 마음을 찾아 나서는 것도 재미난 여행이 된다. 나는 이 점에 대해 두 가지 증거를 들 수

산천재

제2장 남명南冥의 생애, 그 몇 가지 국면

있다. 하나는 그가 덕산으로 들어가 지은 「덕산복거
德山卜居」라는 시이다. 이 시에서 그는 다음과 같이
읊었다.

春山底處無芳草　　봄 산 어느 곳엔들 향기로운 풀이 없겠는가마는
只愛天王近帝居　　천왕봉이 상제에 가까운 것을 사랑하기 때문
白手歸來何物食　　맨손으로 왔으니 무엇을 먹고 살 것인가
銀河十里喫猶餘　　은하 같은 저 십리 물 아무리 마셔도 남으리

　　이 시의 두 번째 구 앞에 '내가 이곳으로 이사를
온 이유는'이라는 말을 넣고 보면, 그 뜻이 분명해진
다. 즉 자신이 굳이 이곳 덕산으로 이사를 온 이유는,
천왕봉이 상제上帝가 사는 하늘에 가까이 다가 가 있
는 것을 사랑하기 때문이라는 것이다. 이렇게 보면,

천왕봉

나의 남명학南冥學 **읽기**

남명이 덕산으로 들어간 이유는 쉽게 풀린다. 바로 지리산 천왕봉天王峯 때문이다. 남명은 천왕봉에 마음이 있었던 것이다.

그런데 남명은 그곳에 들어가서 천왕봉만 바라보며 늙고자 해서일까? 다른 사람이라면 몰라도, 남명처럼 자신을 갈고 닦는 데 철저했던 사람이 그냥 산봉우리를 바라보기 위해 들어갔을 리는 만무하다. 무엇일까? 나는 이렇게 생각한다. 그가 덕산으로 들어가 집을 한 채 짓고 '산천재山天齋'라고 이름을 붙였다. 앞에서 언급했듯이, 남명은 새로운 다짐을 할 때마다 새로운 이름을 내걸었다. 그렇다면 '산천재'라는 이름에도 그의 새로운 결심이나 의도가 분명히 들어 있을 것이다.

'산천재山天齋'의 '산천山天'라는 말은 『주역』 대축괘大畜卦에서 따온 것이다. 대축괘의 모양이 위의 괘[外卦]는 산山에 해당하는 간괘艮卦[☶]이고, 아래 괘[內卦]는 천天에 해당하는 건괘乾卦[☰]이다. 따라서 산山과 천天이 하나로 합해 대축大畜의 대성괘大成卦가 만들어진다. 그렇다면 대축괘로 가서 그 뜻을 찾아야 할 것이다. 대축괘의 괘사卦辭에 보면,

산천재 현판

제2장 남명南冥의 생애, 그 몇 가지 국면

"강건剛健하고 독실篤實하고 휘광輝光하여 날마다 그 덕을 새롭게 한다"고 하였다. 바로 이 구절에 남명의 마음이 있었던 것이다. 이렇게 보면, 남명이 덕산으로 들어간 궁극적인 이유는, 자신을 더 강건하고 독실하고 빛나게 갈고 닦아 날마다 그 덕을 새롭게 만들기 위해서였던 것이다.

나는 이 점에 대해 감탄을 금할 수 없다. 처음 이 사실을 깨달았을 때, 나는 입을 다물 수 없었다. 며칠 동안 이 생각이 머리에서 떠날질 않았다. 우리 모두 한 번 이렇게 생각해 보자. 61세 된 노인이, 공부를 평생토록 하여 제자들이 수백 명이나 몰려오는 대학자가, 무엇이 아쉬워 다시 자신의 덕을 새롭게 하겠는가? 인류 역사상 그 어떤 학자도 이 나이에 이런 의지를 새롭게 다짐한 사람은 없을 것이다.

대체로 61세가 되면 옛날이나 지금이나 자신의 사상이 어느 정도 정립되어 설교說敎하길 좋아한다. 그리고 남의 말에 귀를 기울이기보다는 남들에게 자신의 것을 가르치고 싶어 한다. 그런데 남명은 가르치기보다는 자신을 더 닦고자 했다. 공자가 자신처럼 학문하기를 좋아하는 자가 없다고 탄식한 말을 되새겨 보면, 남명은 공자처럼 배우기를 좋아하는 사람이지, 가르치기를 좋아하는 사람이 아니다.

남명은 덕산에서 이런 마음으로 12년 동안이나 자신을 닦고 닦았다. 매일 천왕봉을 우러르며 그 정

나의 남명학南冥學 **읽기**

상에 올라 하늘로 오르고자 하였다. 인간이 인욕을
모두 막고 천리를 보전하면, 하늘과 하나가 된다. 그
런 사람이 바로 성인이다. 남명은 바로 그렇게 하고
자 한 것이다. 사람이 하늘이 되는 것을 자신을 통해
실험해 보고자 한 것이다. 아! 이 얼마나 장대한 생각
인가. 그래서 나는 인류 역사상 자신을 날마다 새롭
게 변화시키려고 노력한 사람으로는 남명이 최고라
고 생각한다.

　춘추 시대 거백옥蘧伯玉이라는 사람은 "50세가
되어서도 49세 때의 잘못을 안 사람[五十而知四十九之
非]"으로 청사靑史에 그 이름을 전한다. 그런데 남명
은 잘못을 성찰하여 깨달은 정도가 아니라, 나날이
자신을 하늘만큼 끌어올리려 노력하였다. 그것도 50
세가 아닌 61세가 넘어서 새로운 각오로 매일 그렇
게 하였다. 따라서 남명을 거백옥에 비하면, 하늘과
땅만큼 현격한 차이가 난다. 그래서 나는 날마다 자
신을 새롭게 변화시키려고 노력한 측면에서는, 인류
역사상 남명이 최고라고 감히 말하는 것이다. 자신을
성인으로 만들어 보겠다고 노력한 사람으로는 공자
제자 안회顔回 이후로 남명이 제1인자다.

　남명의 위대함이 바로 여기에 있다. 남명이 하늘
에 오르지 못하고 천왕봉이 되었어도 상관없다. 노인
이 죽을 때까지 매일 매일 자신을 새롭게 변화시키
려고 노력한 점, 그 자체가 인류의 영원한 스승이 되

제2장 남명南冥의 생애, 그 몇 가지 국면

남명 묘소

기에 조금도 부족함이 없다. 우리는 이런 남명을 조
상으로 둔 것에 대해 무한히 감사해야 한다. 그리고
부지런히 본받아야 한다.

남명은 덕산에서 이렇게 살다가 1572년 음력 2월
28일 세상을 떠났다. 그의 삶은 요란하지 않고 조용
했다. 매우 정적이었다. 그러나 가끔씩 천둥처럼 세
상에 울렸다. 그리고 남명은 어느덧 지리산 천왕봉이
되어 거기 그대로 있다. 남명은 덕산으로 들어가 다
음과 같은 시를 정자에 써서 붙였다.

請看千石鍾	청컨대 천 석 들이 종을 보시게
非大扣無聲	크게 치지 않으면 소리가 안 나지

나의 남명학南冥學 **읽기**

爭似頭流山　　나도 어찌하면 저 두류산처럼 될 수 있을까
天鳴猶不鳴　　하늘이 울어도 울지 않고 의연히 서 있는

　　종은 불교에서 중생의 번뇌를 녹여주는 것이다. 그것은 이 세상을 태평하게 하는 울림이다. 그런데 그 종은 천 석이나 들어갈 정도로 크다. 에밀레종이 신라 전역에 울렸다면, 이 종은 조선 팔도에 울리고도 남을 만하다. 제1구와 제2구는 어떤 대상을 통해 시상詩想을 일으키고 그것을 이어 쓴 것이다. 남명은 먼저 거대한 종을 떠올렸다. 그 종이 울리면 고통 받는 백성들의 마음을 따뜻하게 녹여줄 수 있다. 그리고 어느덧 그 종은 눈앞의 지리산 천왕봉으로 오버랩되었다. 그래서 문득 자신은 하늘에서 뇌성벽력이 쳐도 끄떡 않고 의연히 서 있는 천왕봉이 되고 싶었다. '하늘이 우는' 것은 세상이 요동치듯 어지러운 것이다. 혼돈의 세상이다. 그 혼돈의 세상에 천왕봉처럼 우뚝 서서 의연히 버팀목이 되고자 했다. 그리고 그런 천왕봉은 천석종이 되어 언젠가 이 세상에 우렁차게 울릴 것이다.

　　그렇다. 남명은 지금 천왕봉이 되어 거기 그렇게 의연히 서 있다. 왜구가 쳐들어 왔을 때도 거기 있었고, 전쟁 통

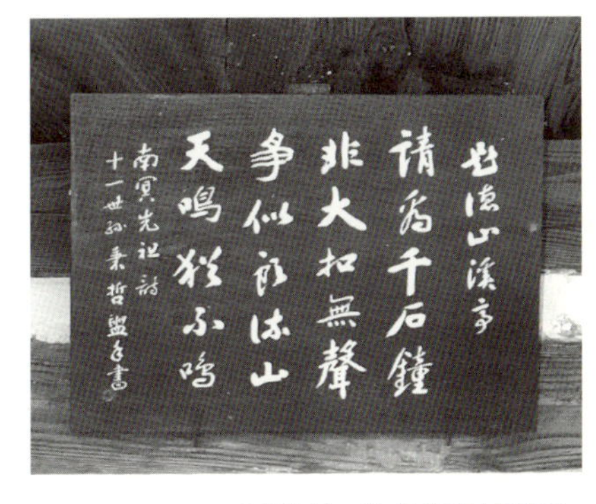

남명의 시 「제덕산계정」

제2장 남명南冥의 생애, 그 몇 가지 국면

에도 거기 있었고, 동족이 총부리를 겨눌 적에도 거기 그렇게 있었다. 다만 많은 사람들이 거기 있는 남명을 보지 못했을 따름이다. 그리고 천석종은 크게 치지 않으면 소리가 들리지 않는다. 천석종은 소리가 없는 무현금無絃琴이 아니다. 분명 소리가 있다. 다만 사람들이 크게 치지 않아 그 소리를 듣지 못할 뿐이다. 그 종을 크게 친 사람들이 있다. 그들은 그 소리를 들었다.

나의 남명학南冥學 **읽기**

남명이 살던 시대는 어떠했는가?

위에서 우리는 남명의 생애를 몇 가지 국면으로 나누어 특징적으로 살펴보았다. 이런 그의 삶은 그가 의도한 바이다. 그런데 그가 이와 같은 길을 걷게 된 데에는, 그가 살던 시대배경이 무엇보다 중요한 요인으로 작용한 점을 간과해서는 안 된다. 그래서 이제 그가 살던 시대에 투시경을 옮겨 비춰 보기로 한다.

조선시대는 사대부정치시대이다. 즉 우리 역사상 최초로 신흥사대부들이 주체세력으로 등장하여, 조선이라는 나라를 건국하고 새로운 사회를 만들었다. 조선을 건국한 신흥사대부들은 성리학으로 정신적 무장을 한 지방에 근거를 둔 중소지주 출신들이었다. 이들은 무신정권의 전횡, 원나라 지배체제의 잔재, 혹세무민을 일삼는 종교적 폐해 등을 일소하고 인륜의 도덕에 바탕을 둔 건전한 사회를 지향했다. 그런데 조선이 건국된 뒤 반세기쯤 지나 왕조가 안정기에 접어들자, 건국주체세력은 어느덧 기득권층이 되어 초기의 개혁정신과 도덕성을 점점 잃게 되었다.

한편 신흥사대부로서 성리학적 이념을 함께 하면서도 고려왕조를 무너뜨리는 데 반대하여, 조선 건국에 동참하지 않고 재야의 길을 택한 한 부류가 있었다. 이들의 후예는 자신을 깨끗이 하고 학문을 부지런히 연마하여 정계에 서서히 진출하고 있었다. 어느 시대이건 재야세력의 가장 큰 무기는 깨끗한 도덕성이다. 이것으로 기초를 튼튼히 하지 않은 세력은 바로 무너지게 되어 있다. 15세기 후반부터 현실정치에 참여하기 시작한 재야파의 후손들은 도덕성이라는 비장의 무기를 들고 있었고, 그들의 눈에 비친 현실은 권력의 맛을 알고 부패하기 시작한 훈구세력의 부도덕성이었다. 이들은 충돌할 수밖에 없었고, 그 결과로 나타난 것이 이른바 사대사화四大士禍이다. 이는 사대부정치시대에 필연적으로 나타나는 현상이다.

그런데 이 사대사화 가운데 가장 큰 사화가 1519년에 일어난 기묘사화己卯士禍다. 나는 이 기묘사화를 내란보다 더 무시무시한 사태로 인식한다. 성리학이 발달하면서 수기·치인에 대한 인식이 더 명확해졌고, 특히 정치를 하는 사람은 임금부터 성인의 학문을 익히는 수기를 근본으로 하였다. 그리하여 명선明善과 성신誠身으로 명덕明德을 밝히는 공부를 해야

나의 남명학南冥學 읽기

했다. 이를 제대로 하지 못한 연산군燕山君은 결국 왕
위에서 물러나야 했고, 뒤를 이은 중종中宗은 성인의
학문을 하지 않을 수 없었다. 시대 명분이 그러하니,
훈구세력들도 이를 막을 수 없었다. 급기야 중종은
도학道學으로 나라를 새롭게 바꾸려는 젊은 개혁세
력의 손을 들어주었고, 이들은 깨끗한 도덕성과 도학
이라는 이념을 가지고 정신적으로 타락한 기존질서
를 타파하려 하였다.

　어느 시대이건 가진 자는 개혁에 반대한다. 개혁
은 가진 자들에게 절대로 이로움이 될 수 없기 때문
이다. 당시 권력의 맛을 안 훈
구세력들은 당연히 반발하였
고, 그들의 기득권을 빼앗기
지 않기 위해 온갖 권모술수
를 다 동원하였다. 그 결과로
일어난 것이 기묘사화다. 그
리고 수많은 젊은 지식층이
형장의 이슬로 사라지거나
추방되어 다시는 일어설 수
없었다.

　1519년 기묘사화 이후 사
회분위기는 급격히 냉각되어
1970년대 유신정권 치하에서
지식인들을 마구 탄압하던 것

조선왕조실록

제3장 남명이 살던 시대는 어떠했는가?

조광조 초상

처럼 살벌하기 그지없었다. 남명의 말을 빌면, 학자들이 성리서를 기피하여 마치 임금이 쓰는 관처럼 손을 대지 않고 얼른 피했다고 한다. 성리학이 한창 피어나던 시기에 성리학 자체를 금한 것은 아니지만, 성리학의 정신으로 새로운 정치를 꿈꾸던 젊은이들을 마치 불순분자처럼 지목하는 시선이 있었던 것이다. 그리하여 윤원형이 실각하는 1565년까지 약 50년 동안은 외척外戚과 권간權奸이 전횡專橫하던 암흑시대였다. 바른말을 하거나 비판을 하는 자는 용납되기 어려운 살벌한 분위기가 이어졌다. 1545년에는 을사사화가 일어나 무고한 지식인들이 화를 당하였고, 1547년에도 양재역良才驛 벽서사건이 일어나 다시 화를 입었다.

이런 시대 분위기 속에서, 학자들은 중앙정계의 진출을 포기하고, 근거지인 향리에서 학문에 전념할 수밖에 없었다. 이처럼 어려운 시대에는 자신을 깨끗이 하여 도덕성을 확보하고, 학문에 침잠하여 학문적 우위를 확보하는 길밖에 없다. 그리하여 각 지방마다

나의 남명학南冥學 **읽기**

이름난 학자들이 나타나게 되었다. 역사는 참으로 아이러니컬하다. 정치적으로는 그토록 암울한 시대였는데, 전혀 예상치 못한 결과들이 나타났다. 그 중에 나는 학문의 지방화시대가 열리고, 학문이 급속히 발전한 점을 매우 주목한다.

조선시대 학자들은 나아가면 현실정치에 참여하는 대부가 되고, 물러나면 사인士人의 본래모습으로 돌아왔다. 이를 역사에서는 출처出處라 한다. 이것이 이들의 기본적인 삶의 방식이다. 공부를 하는 목적이 이 세상을 살기 좋은 사회로 만들어 많은 사람들에게 혜택을 주는 것이지만, 이런 이상을 펼 수 없는 시대가 되면 출出을 포기하고 처處의 길을 택할 수밖에 없다.

처사의 길을 택하면 학문에 전념하는 수밖에 없다. 그러다 보니, 각 지방에 이름난 학자들이 나타났다. 지리산 밑에 남명南冥 조식曺植, 소백산 밑에 퇴계退溪 이황李滉, 속리산 밑에 대곡大谷 성운成運 등 기라성 같은 학자들이 각지에 주재하게 되었다. 그리고 수도 중심의 학문이 지방의 큰 학자들 중심으로 바뀌어 갔다. 말하자면, 학문의 지방화시대를 연 것이다. 이로 인해 학문이 전국적으로 널리 퍼졌고, 급속히 지방의 문명화가 이루어졌다.

남명·퇴계의 문하에는 100명 이상의 학자들이 있었으니, 이들은 오늘날의 시각으로 보면 박사급 이

제3장 남명이 살던 시대는 어떠했는가?

상의 학자들이다. 이들은 각기 자기 고을로 돌아가 강학을 하고 향촌에 윤리와 도덕을 가르쳤을 것이니, 16세기야말로 학문이 그 어느 때보다도 급속히 확산된 시기라 하겠다.

남명은 그런 시대에 무엇을 추구했는가?

앞에서 살펴보았듯이, 1519년 기묘사화 이후 약 50년 동안은 암울한 시대였다. 정치는 일부 외척이나 권간에 의해 제멋대로 이루어졌고, 양식 있는 지식인들은 향리에서 나아가길 꺼려하였다. 민주주의 사회에서는 독재정권을 타도하는 민주화운동이 가능하지만, 전제 군주시대에는 정권을 타도할 수 없는 일이다. 따라서 양심적인 지식인이 할 수 있는 일은 극히 제한적이었다. 이런 어려운 시대에 지식인은 무엇을 해야 할까? 그 가장 모범적인 답을 온 몸으로 보여준 분이 바로 남명이다.

희망이 보이지 않은 암울한 절망의 시대에, 지식인은 무엇을 해야 하는가? 옛날 위魏·진晉 시대 지식인들은 시대가 혼란스러워지자 산수의 자연 속에서 술이나 마시고 시나 지으며 울분을 토로하였다.

그 가운데 대표적인 사람들이 바로 죽림칠현竹林七賢
이다. 이들은 모두 기이한 모습을 보이고, 기인다운
일화를 남겼다. 그러나 나는 이들에게 '어질 현[賢]'
을 붙이는 것에 반대한다. 이들은 어진 사람이 아니
다. 난세에 뜻을 펼 수 없어 불평을 토로한 사람들이
다. 시대를 고민하지 않은 것은 아니지만, 자신을 닦
는 데 게을리 하였다. 그래서 문학적으로는 성취를 하
였지만, 한 시대의 정신을 바로잡지는 못하였다.

세상이 어지럽고 시대가 어려울 때, 올바른 지식
인이라면 무엇을 해야 할 것인가? 세상의 어려움을
돌릴 길을 찾아야 한다. 16세기 중반 그 암울한 시대
에 남명이 무엇을 할 수 있었겠는가? 앞에서 말했듯
이, 그는 기묘사화 이후 6년 동안 이를 고민하다가
안회顏回를 배우는 쪽으로 결심을 하
였다. 안회는 석 달 동안 인仁을 한 번
도 어기지 않을 정도로 아성亞聖의 경
지에 올랐던 인물이다. 즉 도의 경지
에 바짝 다가갔던 사람이다. 남명은
그처럼 되고자 했다. 그러나 이는 기
실 공자孔子와 같은 성인이 되고자 한
것이다. 공자처럼 되고자 한다고 말하
면, 이는 분수에 지나친 참람한 것이
기 때문에 한 단계 낮추어 겸손하게
말한 것에 불과하다.

안회 초상

나의 남명학南冥學 **읽기**

안회는 도를 구해 그 도에 흠뻑 취해 산 사람이다. 따라서 남명이 안회를 배우고자 한 것은 도를 구하고자 한 것이나 다름없다. 구도자求道者의 길을 가기로 결심한 것이다. 그리고 그 도는 공자의 도이고, 성인의 도이고, 하늘의 도였다. 이제 목표는 분명히 정해졌으니, 피나는 구도여행이 있을 뿐이다.

『논어』에 "어진 사람은 대적할 상대가 없다[仁者無敵]"고 했듯이, 성인의 도인 인仁을 가지면, 그 어떤 독재적 권력이나 무력도 이에 대항할 수 없다. 이것이 바로 높은 도덕성이 정치를 하는 데는 가장 큰 무기가 된다는 것이다. 암울한 시대를 극복할 수 있는 무기는, 바로 이 도덕성을 자기 몸에 성취하는 길밖에 없다. 남명은 그것을 추구하였다. 구도여행의 피나는 과정을 통해 자신의 몸에 성인의 도를 얻으려 실험한 것이다. 학문적 우위를 확보해 기득권층과 대결하는 것보다, 자신의 몸에 깨끗한 도덕성을 이룩하여 한 시대의 정신적 지주가 되는 것이 더욱 어려운 일이다.

이것이 바로 어려운 시대에 진정한 지식인이 몸으로 할 일이다. 그러면 타락한 시대의 정신을 돌릴 수 있고, 절망의 시대에 새로운 희망을 찾을 수 있다. 남명은 이 길을 가며 깊이 침잠하여 자신을 닦고 또 닦았다. 이제 그가 어떻게 공부를 하였는지 살펴보자.

제4장 남명은 그런 시대에 무엇을 추구했는가?

남명의 공부는 지식을 섭취하여 자기 몸에 실현하는 데 중점이 있다. 그는 지식 자체를 새롭게 발명하는 데 관심이 없었다. 선현들이 발명한 지식을 요약해 가지고서, 자신을 성인으로 만드는 일에 관심을 두었다. 그래서 그는 자신을 성인으로 만드는 데 필요한 것이면, 그것이 불교나 노장老莊의 사상일지라도 그것을 끌어다 쓰려 하였다. 물론 철저히 유가사상으로 무장을 한 상태에서 가능한 일이다. 그리하여 그의 학문은 개방성을 띠게 되었고, 한 가지 사상에만 뿌리를 두지 않고 널리 두루 배우는 박학주의를 지향하게 되었다.

이런 남명의 학문성향은 그간의 연구에 의해 거의 다 밝혀졌다. 이제 이런 성향에 초점을 맞추기보다는 남명이 어떻게 공부를 했는지에 관심을 두고 접근해 보기로 하자. 『중용』을 지은 공자의 손자 자사子思는 공부방법에 대해 다음과 같이 다섯 가지를 제시하였다.

> 첫째, 널리 배우기[博學之]
> 둘째, 자세히 캐묻기[審問之]
> 셋째, 신중하게 생각하기[愼思之]
> 넷째, 명확하게 분변하기[明辨之]
> 다섯째, 독실하게 실천하기[篤行之]

이 다섯 가지 가운데 앞의 네 가지는 지적탐구

나의 **남명학**南冥學 **읽기**

[知]에 관한 것이고, 뒤의 '독실하게 실천하기'는 실
천[行]에 관한 것이다. 실천은 독실하게 행하는 데
달려 있는 것이니, 달리 이런저런 말이 필요치 않다.
그러나 지적탐구는 여러 가지 방법이 거론될 수 있
다. 자사는 이를 널리 배우기, 자세히 캐묻기, 신중하
게 생각하기, 명확하게 분변하기, 이렇게 네 단계로
논하였는데, 이를 내 나름대로 풀이해 보면 다음과
같다.

'널리 배우기'는 앞에서 말한 박학주의다. 그러나
이는 널리 배워 많이 아는 박학다식博學多識을 추구
하는 것이 아니다. '널리 배우라'는 말은 반대 개념을
동원해 보면, '좁게 배우지 말라'는 것이다. 즉 처음
공부할 적에는 한 가지 이념이나 사상만으로 정신적
무장을 하지 말고 폭넓게 배우라는 것이다. 한 가지
단편적인 사상만을 고집하면, 우물 안의 개구리처럼,
보는 시야가 한정될 수밖에 없다. 그러면 진리를 얻
기가 어렵다. 다양성을 배우지 않으면, 다른 사람들
의 개성을 이해하지 못한다. 그래서 '널리 배우기'를
맨 앞에 두었다.

그러나 널리 배우는 박학주의만 추구하는 데에서
그치면, 박학다식한 사람은 될 수 있을지언정, 진리
로 접근할 수는 없다. 그 다음에 반드시 '자세히 캐묻
기'가 뒤따라야 한다. 자세히 캐묻기는 끝없이 의문
을 갖는 것이다. 그냥 '그런가보다'라고 인식하는 것

제4장 남명은 그런 시대에 무엇을 추구했는가?

이 아니라, '왜 그럴까?'를 생각하는 것이다. 이는 피상적 지식을 자기화 하는 과정이다. 자세히 캐묻기를 해야 어떤 지식이든 자기의 것이 될 수 있다. 앞에서 언급했듯이, 질문을 던져 캐물은 만큼, 아주 정직하게 답은 나오게 되어 있다. 문제는 얼마나 진지하게 질문을 던지느냐에 달려 있다.

이처럼 자세히 캐묻기를 하면, 답이 보이기 시작한다. 깨달음이 오는 것이다. 섣부른 식견을 가진 사람은 이때 깨달았다고 덩실덩실 춤을 춘다. 그러나 이 경우 정신을 차리고 신중해야 한다. 즉 그 깨달음을 무조건 좋아하지 말고, 검증을 해야 한다. 냉정하게 살피며 과연 참된 깨달음인지를 따져야 한다.

그래도 그 깨달음이 분명하다면, 그 다음에는 그것을 남들에게 명확히 설명할 수 있도록 논리적 체계를 갖추어야 한다. 그렇지 않으면 설익은 깨달음이 되어 쓸모가 없게 된다. 여기까지 이르면, 비로소 하나의 지식이 완전히 자기의 것이 된 것이다. 그러면 그것을 독실하게 실천하는 일만 남게 된다.

그러면 남명은 어떻게 공부를 했을까? 남명도 이 방법을 모를 리 없었을 것이니, 당연히 이를 따랐을 것이다. 그런데 그는 '널리 배우기' 다음에 널리 배워 안 지식을 요점 정리하는 이른바 '간추려 정리하기[斂繁就簡]'을 더 추가했다. 남명은 먼저 유교경전에서 널리 구하고, 다시 제자백가의 글에도 폭넓게 통

斂繁就簡

나의 남명학南冥學 읽기

하였다. 그리고서 이 가운데서 자신을 수양하는 데
필요하다고 여겨지는 것은 모두 간추려 정리하였다.
이는 무턱대고 많이 아는 것을 중요하게 여기는 것
이 아니고, 핵심이 되는 요지要旨를 간추려 정밀히
이해하는 공부법이다. 핵심이 되는 본지本旨를 간추
리는 것은 많은 지식을 나열하여 아는 것이 아니므
로 정밀한 깊이를 더하게 된다.

　이렇게 요지를 간추린 뒤에, 남명은 당연히 '자세
히 캐묻기'를 하였을 것이다. 왜냐하면 그는 "학문은
반드시 스스로 터득함으로 귀함을 삼는다"고 말하고
있기 때문이다. 그는 "책의 글자에 의지해 의리를 강
론해 밝히는 것은 실득이 없다"고 하였다. 그러면 어
떻게 하겠다는 것일까? 스스로 터득하기 위해서는
당연히 책 속의 글자를 되새김질하여야 한다. 그런
되새김질의 과정 속에서 저절로 '자세히 캐묻기'가
함께 이루어질 것이다. 나는 남명의 이런 공부방법을
'지식을 되새김질해 스스로 터득하기[反求自得]'라고
부른다.

　이렇게 터득한 지식은 자기화 된 앎이다. 따라서
그 속에는 '신중하게 생각하기'와 '명확하게 분변하
기'가 모두 포함되어 있다. 그러기 때문에 자신의 몸
에 그것을 실천하는 일만 남게 된다. 남명은 앎을 실
천하는 것을 매우 중요하게 생각하였다. 그는 말만
하고 실천이 뒤따르지 못하는 풍토에 대해 매우 개

反求自得

제4장 남명은 그런 시대에 무엇을 추구했는가?

탄하였다. 그는 마음으로 깨달은 앎은 실용에 이바지하고 자기 몸에 실천하는 것이 되어야 한다고 강조하였다. 그리하여 자기가 깨달은 지식을 강의하고 토론하거나 논변하고 해석하는 일련의 지식행위를 좋아하지 않았다. 즉 남의 스승이 되어 가르치기를 좋아하기보다는 자신에 돌이켜 구하기를 더 좋아하는 구도자적 성향이다. 나는 이런 남명의 성향을 '자신에게 돌이켜 몸소 실천하기[反躬實踐]'라고 부른다.

『논어』에 보면, 공자는 문인 안회顔回에 대해 "나는 안회와 하루 종일 말을 했는데, 어리석은 사람처럼 나의 말에 아무런 이의를 제기하지 않았다. 그런데 그가 물러난 뒤 그의 사생활을 살펴보니, 내가 말한 것을 충분히 드러내 실천하고 있었다. 그러니 안회는 어리석은 사람이 아니로구나"라고 하였다. 안회는 공자의 말씀을 듣고 그것을 묵묵히 받아들여 벌써 자기화했고, 돌아가서는 자신에 돌이켜 벌써 실천하고 있었던 것이다.

기실 학문은 말이 필요 없다. 말을 잘 하고, 말을 많이 하는 사람은 대체로 실천에 부족한 경우가 많다. 또한 그런 사람은 글을 쓰는 데도 능하지 못한 경우가 많다. 진리를 배우고 터득해 몸으로 실천하는 데는 안회처럼 말이 필요 없는 것이다. 남명은 안회의 그 마음을 얻었던 것이다. 자기 주장을 강하게 말하는 사람들은 이 점에 대해 깊이 반성해 볼 필요가

나의 남명학南冥學 읽기

있다.

이처럼 남명은 몸으로 공부를 했다. 말로 하지 않았다. 그는 몸으로 공부를 했기 때문에 문자에 의지하는 것조차 극도로 경계했다. 그러니 문자보다 못한 말로만 이치를 논하는 공부는 그의 눈에 가시처럼 보였을 것이다. 그래서 그는 퇴계에게 보낸 편지에서 "요즘 젊은 사람들이 손으로 비질하고 청소하는 절도도 모르면서 입으로 성리性理를 말한다"고 꼬집었다. 그렇다. 공부는 몸으로 하는 공부가 최고다. 왜냐하면 몸으로 하는 공부는 학자가 아니라, 성인이 되기를 지향하기 때문이다. 이런 공부는 안회가 그렇게 했고, 남명이 그렇게 했다.

1561년 정탁鄭琢(1526 ~1605)이 남명을 찾아와 제자의 예를 갖추었다. 그가 돌아갈 적에 남명은 아무 말도 하지 않고 소를 끌고 나와 타고 가라고 하였다. 말을 타고 달려갈 젊은이에게 소를 타고 가라 한 것이다. 정탁은 영문을 몰랐다. 그러나 그는 소를 타고 가면서 "선생이 왜 나더러 소를 타고 가라고 하셨을까?"를 깊이 고민하였

선인기우도

제4장 남명은 그런 시대에 무엇을 추구했는가?

을 것이다. 그리고 그는 스스로 자신에게 너무 빠르게 진취하려는 기상이 있음을 보았을 것이다. 남명은 몸으로 공부를 했기 때문에 가르침도 이처럼 몸으로 느끼게 하였다.

남명은 몸으로 공부를 했기 때문에 위대하게 되었다. 그런데 우리 시대에는 몸으로 공부를 하는 사람이 하나도 없다. '몸으로 공부하기'야말로 우리에게 절실히 필요한 것이다.

남명은 어려운 시대에 이처럼 몸으로 공부하기를 통해 자신을 하늘의 경지로 끌어올렸다. 그 어려운 시대에 처사處士의 길을 철저히 고수하여, 여러 차례 벼슬을 내렸지만 한 번도 나아가지 않았다. 그래서 그의 이름에는 언제나 '출처出處에 대절大節을 보였다'는 수식어가 따라 다닌다. 그는 재야의 길을 택하고 때론 현실정치를 비판하였지만, 위에서 살펴보았듯이 그는 누구보다도 철저하게 자신을 닦았다. 몸으로 하는 학문으로 사류士類에 모범을 보였다. 그래서 그는 한 시대정신을 우뚝하게 세웠고, 참다운 선비상을 정립하였다. 남명은 조선의 선비상을 우뚝하게 세우는 데 그 본보기가 되었다. 다시 말해 조선의 선비정신은 남명을 통해 확고해졌다고 하겠다.

남명학南冥學의 핵심은 무엇인가?

남명은 몸으로 공부했기 때문에 그의 목표는 자신을 성인으로 만드는 데 있었다. 즉 남명의 학문은 한 마디로 수양론이다. 여기서는 그의 「신명사도神明舍圖」를 통해 이 점을 살펴보고, 남명학의 요체要諦라고 하는 경敬·의義에 대해 알아보기로 한다.

1. 수양론修養論

남명학의 요체는 바로 「신명사도」에 들어 있다. 이 그림은 남명사상의 결정체結晶體이다. 이제 이 위 그림을 하나하나 분석하면서 그의 사상에 접근해 보기로 한다.

神明舍
太一君
敬
家宰
道王 德天
日 月
國君死社稷
忠恕
致察
百揆
天官冢宰
克治
事物
大壯旂
審幾
鬼 夢
大壯旂
審幾
止 止 至
不遷 必至

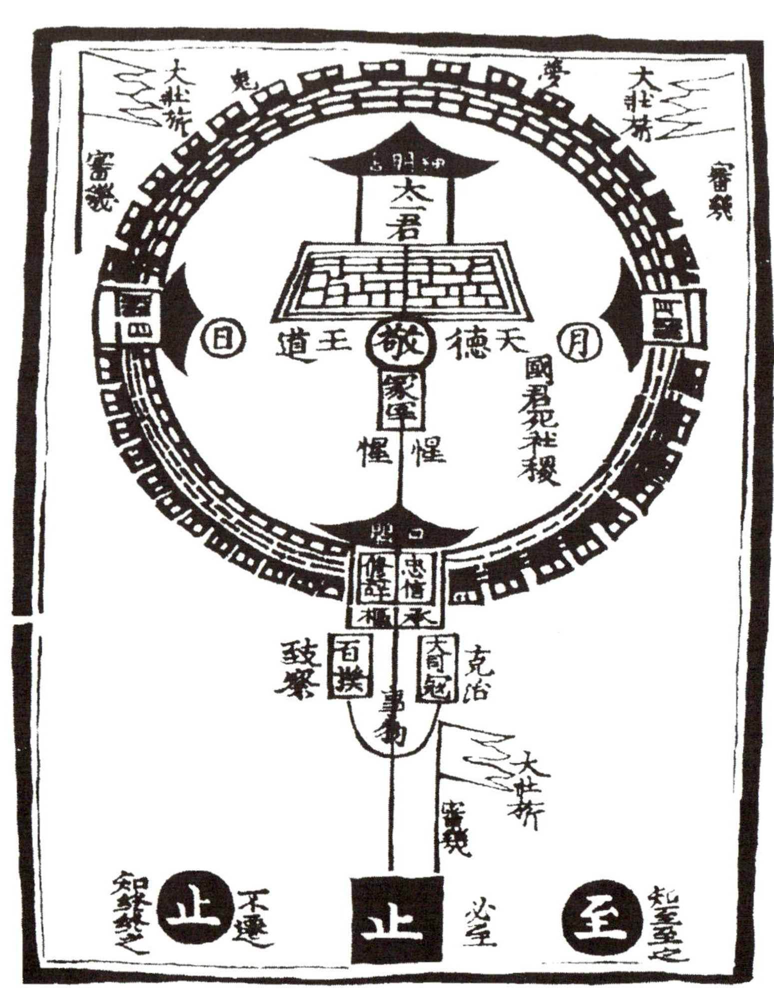

신명사도神明舍圖

72

1) 「신명사도神明舍圖」 그림 읽기

(1) 성곽 안의 내용

성곽 안은 인간의 신체를 의미한다. 성곽이 바로 생명을 부여받은 개체個體를 가리킨다. 그리고 그 안에 이 신체를 주재하는 태일군太一君이 거주하는데, 그가 머무는 집이 곧 신명사神明舍이다. 태일군은 인간의 마음, 곧 신명神明을 말한다. 나라를 다스리는 데 비유했기 때문에 '태일군'이라 한 것이다. 임금이 정사를 펼 때는 천하를 다스리는 표준을 제시해야 한다. 그래야 만민이 우러르며 따르게 된다. 이 표준이 위의 천덕天德과 왕도王道이다. 안으로 존심存心해 혼자만 아는 바를 삼가는 것이 천덕이고, 밖으로 성찰省察해 실천에 힘쓰는 것이 왕도이다.

성리학에서는 일신一身의 마음을 다스리는 데 경敬으로 근본을 삼는다. 마찬가지로 나라를 다스리는 데 있어서도 이런 자세가 무엇보다 필요하기 때문에 총재冢宰의 이름을 경敬으로 삼았다. 그리고 나라 임금이 사직社稷과 운명을 함께 할 각오로 나라를 다스려야 하기 때문에 '국군사사직國君死社稷' 5자를 옆에 써 놓았다.

성곽 안은 태일군이 천덕과 왕도를 펴는 곳으로, 총재 경敬이 모든 일을 관장한다. 총재는 공경한

제5장 남명학南冥學의 핵심은 무엇인가?

마음으로 항상 깨어 있어야 한다. 잠시라도 혼몽한 마음을 갖게 되면 국사가 어긋나게 된다. 학자가 자기 마음을 다스리는 데 있어서도 마찬가지이다. 늘 공경한 마음으로 깨어 있어야지, 잠시라도 마음을 놓아버리면 사심私心이 끼어들어 혼몽해지기 쉽다. 그래서 성곽 밖에 '귀鬼'·'몽夢'을 표기해 깨어있지 못한 마음상태를 표현했다.

성곽 밖은 신체적 외부로부터 일어나는 모든 일을 가리킨다. 즉 일에 응하고 남을 만나는[應事接物] 것이다. 인간이 주경主敬을 통해 내적으로 자신을 함양하는데, 이는 마음이 발하기 전 정시靜時의 공부이다. 마음이 발하여 외물과 접촉하게 되는 동시動時에는 기미를 살펴 의義·불의不義를 성찰해야 한다. 안에서 마음을 존양存養하는 데 경敬이 필요하듯이, 밖으로 성찰하는 데에는 의義가 절실히 요청된다. 이를 조정에 비유하면, 담당하는 직관이 바로 백규百揆다. 문인 김우옹金宇顒의 「천군전天君傳」에, '태재 경太宰敬'·'백규 의百揆義'라고 분명히 밝히고 있으니, 성찰을 담당하는 백규의 법은 바로 의義인 것이다.

백규는 조정 안에 있으면서 마음이 관문을 통해 밖으로 응사접물할 적에 의義를 가지고 살피는 일을 총괄한다. 즉 동시動時의 일을 담당하는 관리로 조정에서 근무한다.

나의 남명학南冥學 **읽기**

(2) 성곽 밖의 내용

경敬을 통해 존양을 하고 의義를 통해 성찰을 한 상태는, 주체적 자아의 확립과 객관적 가치판단의 기준이 마련된 경우이다. 그러나 아직 자신을 온전히 성誠하게 하여 지선至善에 이른 것은 아니다. 따라서 때로는 사욕이 일어나고, 물욕에 끌려가게도 된다. 이때 그동안 축적한 경과 의를 통해 뇌천雷天 대장괘大壯卦의 기상으로 삼엄하게 기미를 살펴서 사욕을 다스려야 한다. 마음의 기미에 사심邪心이나 사욕私欲이 있을 경우, 바로 다스려야 천덕天德에 도달할 수 있다. 성곽 밖의 3면에 있는 '대장기大壯 旂－심기審幾'가 바로 마음에서 일어나는 사욕의 기미를 삼엄한 기상으로 살피는 것이다. 그리고 사욕이 발견되면 즉시 그것을 다스리는데, 그것을 담당하는 관리가 대사구大司寇다.

남명이 '심기審幾' 옆에 대장기大壯旂를 세운 것은 외물과의 접촉에서 일어나는 사욕의 기미를 엄히 살피는 일을 중시한 것이다. 이를 살피는 관리는 조정에서 부절符節을 받아 가지고 나와 관문을 지키는 장수이다. 그리고 사욕의 기미가 발견되면 법을 담당하는 대사구大司寇에게 알려 즉석에서 그 기미를 물리치게 한다.

위 그림에서 '대장기大壯旂－심기審幾'와 '대사

제5장 남명학南冥學의 핵심은 무엇인가?

구大司寇 – 극치克治’로 이어지는 ‘심기審幾 – 극치克治’에 남명학의 특성이 있다. 총재와 백규는 조정의 대신이다. 이들은 원칙을 제시한다. 심기·극치는 실전에서 몸으로 직접 싸우는 것처럼 실제로 사욕을 물리치는 실천행위를 말한다. 곧 철저하게 자신을 다스리는 실천적 수양론을 의미한다. 남명은 이런 수양을 통해 천인벽립千仞壁立의 기상을 세웠고, 출처出處의 대절大節을 보인 것이다. 따라서 경敬·의義의 내적 원칙과 이를 실행하는 심기·극치의 외적 행위가 동시에 일어나는 것이다. 그러므로 남명의 경·의에는 심기·극치까지 들어 있는 것으로 보아야 남명학의 특성이 드러난다. 대부분의 사람들은 이를 말하지 않고 경·의만 말한다. 원칙만 제시하고 실천행위가 없다면, 그것은 남명의 철저한 자기수양과 어긋난 것이 아닐까?

장수를 보내 기미를 살피게 하고, 대사구를 시켜 사욕을 물리쳐 도달하는 경지가 ‘지어지선止於至善’이다. 「신명사도」 하면의 중앙 네모 속의 ‘지止’가 바로 그것이다. 그래서 그 옆에 ‘필지必至’라고 부기한 것이다. 남명의 수양론으로 볼 때, 이는 명선明善·성신誠身을 통해 도달하는 지극한 경지이다.

(3) 그림의 아래 부분

위 그림 아래 좌우에 있는 ‘지 – 지지지지지至 – 知至

나의 남명학南冥學 **읽기**

至之'와 '지止－지종종지知終終之'는 『주역』 건괘乾卦 문언文言 구삼효九三爻의 뜻에서 따온 것으로, 진덕進德·거업居業을 나타낸다. 그림 아래 부분은 학자가 공부를 하면 반드시 '지어지선止於至善'에 뜻을 두어야 하는데, 그 과정이 바로 진덕과 거업임을 나타낸 것이다. 즉 '지至－지지지지知至至之'는 진덕進德의 일로 시조리始條理에 해당되며, '지止－지종종지知終終之'는 거업居業의 일로 종조리終條理에 해당된다. 이 두 조항은 지어지선에 도달하는 학문의 시종을 드러낸 것이다.

「신명사도」의 아래 부분은 학문의 시종始終과 도달해야 할 목표를 제시한 것으로, 위의 성곽 안팎의 존양－성찰－극치로 이어지는 수양론과는 그 의미를 달리 한다. 즉 중앙의 '지止'는 위의 존양－성찰－극치를 통해 이룩되는 최고의 목표이고, 좌우의 '지至'와 '지止'는 그 학문의 과정을 처음과 끝으로 나누어 설명한 것이다. 종적인 선과 횡적인 선이 아래 부분에 합치되게 그린 것이다.

2) 「신명사도神明舍圖」의 수양론

(1) 존양存養·성찰省察

성리학의 핵심 과제는 타고난 본연의 마음을 보존해 함양하는 것과 마음이 외부 사물과 접촉할 때 불의에 빠지지 않도록 정밀하게 살피는 것이다. 전자를 존양存養이라 하고, 후자를 성찰省察이라 한다.

존양은 무엇보다도 공경심[敬]을 필요로 한다. 이는 인간이 하늘을 공경하고 두려워하는 도덕적 긴장감이다. 이 공경심이 없으면 존심양성存心養性이 불가능하다. 마음에 이 공경심을 늘 유지하기 위해 송나라 때 학자들은 여러 가지 방법을 제기하였다. 즉 한 마음을 주로 하여 다른 데로 흩어져 갊이 없도록 하는 주일무적主一無適, 마음자세를 정돈하고 엄숙하게 하는 정제엄숙整齊嚴肅, 마음을 늘 밤하늘의 별처럼 반짝반짝 깨어있게 하는 상성성常惺惺, 마음을 풀어놓지 않고 거두어들이는 수렴기심收斂其心 등이 그것이다.

성찰은 마음이 일에 응하고 대상을 접할 때 시비是非·선악善惡·사정邪正 등을 구별하는 것이다. 그 때 뚜렷한 가치판단기준이 있어야 하는데, 그것이 바로 의義이다. 이 의義에는 이치에 맞는 것, 적의適宜한 것, 사리에 합당한 것, 공평무사한 것, 합리적인 것 등의 뜻이 모두 들어 있다. 『논어』에 "군자는 의리에 밝고, 소인은 이익에 밝다[君子喩於義 小人喩於利]"고 하였듯이, 의義는 이利와 상대적인 개념이다. 따라서 인간이 의리를 따르지 않으면 바로 사리私利에 빠지고 만다.

나의 남명학南冥學 읽기

이상에서 살펴보았듯이, 존양의 바탕이 되는 경敬과 성찰의 기준이 되는 의義는 남명의 수양론에서 내외의 두 축이 된다. 경은 정시靜時의 존양이고, 의는 동시動時의 성찰이다. 그런데 이는 어디까지나 조정 안에서의 일이다. 사람으로 말하면, 마음 안에서의 일이다. 마음이 관문을 통해 대상을 접할 때 성찰하는 것도 안의 마음이 그렇게 하는 것이다. 마음이 밖으로 나가는 것은 아니다. 마음이 밖으로 나가면 주체가 없어지게 된다.

(2) 심기審幾 · 극치克治

심기審幾는 사욕이 일어나는 기미를 살피는 일인데, 대장기大壯旂의 삼엄한 기상으로 그 기미를 살피는 것이다. 이 일은 조정의 명을 받은 장수가 한다. 극치克治는 사욕의 기미가 발동되는 것을 살피면 즉시 나아가 물리치는 것이다. 「신명사도」의 '대장기大壯旂―심기審幾'는 「신명사명神明舍銘」의 '네 자의 부절을 발하고, 백물기를 세운다[發四字符 建百勿旂]'에 해당하고, '대사구大司寇―극치克治'는 '아홉 구멍의 사악함, 세 요로에서 비로소 발하네. 움직이는 기미를 용감히 물리쳐, 나아가 섬멸하게 한다[九竅之邪 三要始發 動微勇克 進敎廝殺]'에 해당된다.

조정 안에서는 두 대신인 총재冢宰 경敬과 백규百揆 의義가 나라를 운영한다. 그런데 백규가 의를

제5장 남명학南冥學**의 핵심은 무엇인가?**

가지고 살피더라도 대체大體만을 성찰하는 것이지, 구체적인 실무는 밖으로 사신을 파견해 살펴오게 하지 않을 수 없다. 대신이 조정을 떠나서는 명령을 내릴 주체가 없어지기 때문에 늘 안에 있어야 한다. 기미를 살피는 '심기審幾'는 장수와 같은 사신을 보내 맡기는 것이다. 이 '심기'는 「신명사명」의 '네 자의 부절을 세운다'라고 한 것에 비추어 보면, 바로 이런 의미를 읽을 수 있다. '부절'은 밖으로 나가는 사신이나 장수가 가지고 가는 신표이다.

밖으로 나가는 사신이 가진 부절에는 '화和·항恒·직直·방方' 네 자가 쓰여 있다. 화和는 마음이 발하여 외물과 접할 때 모두 절도에 맞게 한다는 뜻이고, 항恒은 언행을 믿음직하게 하고 삼가서 변함이 없다는 뜻이고, 직直과 방方은 '근독직혈구방謹獨直絜矩方'이라는 주석으로 볼 때, 신독愼獨과 혈구絜矩를 가리킨다. 신독은 혼자만 아는 바를 삼가는 것이고, 혈구는 내 마음의 법도로 남을 헤아리는 것이다. 그렇다면 이 네 자는 사신이 왕명을 받들 때와 마찬가지로 마음이 외부의 사물과 접촉할 때 본연의 마음을 늘 잃지 않도록 하는 마음가짐이다.

다음 '백물기를 세운다'는 것은, '온갖 예가 아닌 것을 하지 말라[百勿]'는 것을 상징하는 깃발이다. 『논어』에 안회顔回가 인仁을 실천하는 조목을 묻자, 공자가 '예가 아니면 보지 말고, 예가 아니면

나의 남명학南冥學 읽기

듣지 말고, 예가 아니면 말하지 말고, 예가 아니면
행동하지 말라[非禮勿視 非禮勿聽 非禮勿言 非禮勿動]'
고 하였다. 이를 '네 가지 하지 않아야 할 것'이라는
뜻으로 '사물四勿'이라 한다. 안회는 아성亞聖의 지
위에 오른 사람이니, 이 네 가지 금지조항만으로도
인을 실천할 수 있었지만, 일반인이 사욕을 금지하
는 조항은 백 가지도 더 된다. 그래서 온갖 예에 맞
지 않는 일을 일체 하지 말아야 사욕을 물리칠 수
있다는 것이다.

인간의 신체에는 아홉 구멍이 있다. 이 구멍을
통해 사심邪心이 일어난다. 그 중에서 귀·눈·입은
인심의 사욕이 발하는 중요한 곳이다. 그러므로 세
가지 요로[三要]라고 한 것이다. 이는 「신명사도」의
세 관문[三關]이다. 부절을 받아 가지고 이 관문을
지키는 장수는 삼엄한 기상으로 살펴야 한다. 그것
이 '심기-대장기'로 표현된 의미이다.

그 다음 눈을 부릅뜨고 살피다가 적을 발견하면
용감하게 나아가 섬멸해야 한다. 이는 사욕의 기미
가 싹 틀 때 바로 무찔러야 마음을 보전할 수 있다
는 말이다. 그 임무를 맡은 관원이 바로 대사구大司
寇다.

삼엄한 기상으로 사욕의 기미를 살피다가, 그것
이 발견되면 용감하게 나아가 바로 물리치는 것이
남명 수양론의 핵심이다. 자신을 성인으로 만들고

제5장 남명학南冥學**의 핵심은 무엇인가?**

싶었던 남명에게 이 점이 가장 큰 공부였다. 남명 학문의 특징은 바로 여기에 있다. 이는 자신을 철저히 실천하는 실천행위이므로 그의 학문은 몸으로 하는 실천성을 가질 수밖에 없다. 몸으로 하는 공부의 구체적 모습이라 하겠다.

(3) 지어지선止於至善

「신명사도」의 논리구조 속에서 보면, 존양存養 - 성찰省察 - 심기審幾 - 극치克治를 통해 도달하는 경지가 바로 지어지선止於至善이다. 「신명사명」에서는 '승리를 임금에게 보고하니, 요·순의 세월이네[丹墀 復命 堯舜日月]'라고 하였다. 곧 적을 섬멸하고 돌아와 임금에게 보고하니, 요·순 시대의 세월처럼 태평하다는 것이다. 이는 사악한 마음이나 사욕을 물리치고 성심을 보존한 단계, 즉 한사존성閑邪存誠 · 극기복례克己復禮의 경지이다.

수양이 이 단계에 이르면 사욕이 일어나지 않아 전일한 마음을 유지할 수 있다. 마음이 세 관문을 통해 발동하지 않기 때문에 고요히 들어앉아 함양할 수 있다. 「신명사명」의 "세 관문을 닫으니 깨끗한 들판이 끝이 없다. 마음이 전일한 데로 돌아오니, 시동尸童처럼 가만히 연못처럼 묵묵히 들어앉아 자신을 함양한다[關閉塞 淸野無邊 還歸一 尸而淵]"고 한 것이 바로 그런 것이다.

나의 남명학南冥學 **읽기**

이상에서 「신명사도」와 「신명사명」을 중심으로 남명의 수양론을 살펴보았다. 이를 통해 볼 때, 남명의 수양론은 존양-성찰-심기-극치-지어지선의 기본구도를 갖고 있다. 그런데 이를 좀더 간략히 말하면, 존양·성찰·극치의 3단계 수양론이라 할 수 있다.

2. 수양의 두 축, 경敬·의義

남명학의 요체를 흔히 경敬과 의義라고 한다. 맞는 말이다. 그런데 이는 남명이 새롭게 발명한 것이 아니라, 송나라 때 유학자들이 한결같이 내세운 성리학의 수양론 가운데 핵심이 되는 것이다. 성리학의 수양론은 크게 존양存養과 성찰省察로 나누어 볼 수 있다. 존양은 마음이 움직이기 이전에 주체적으로 존심양성存心養性하는 공부이고, 성찰은 마음이 움직여 사물과 접할 때 사리私利·사욕私慾에 빠지지 않도록 엄히 살피는 것이다. 이런 구도 속에서 경敬은 존양存養의 공부이고, 의義는 성찰省察의 공부이다.

남명은 경공부 가운데 특히 상성성常惺惺을 좋아하여 '성성자惺惺子'란 방울을 옷에 달고 다녔는데, 이는 마음을 항상 밤하늘의 반짝이는 별처럼 초롱초롱 빛나게 하려고 한 것이다. 마음이 깨어있지 않으

제5장 **남명학**南冥學**의 핵심은 무엇인가?**

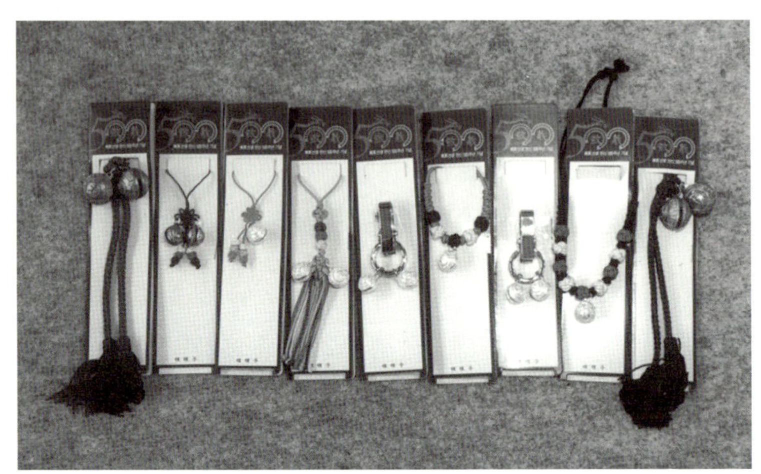

성성자惺惺子

면 바로 혼몽한 경지로 빠지기 때문이다. 이런 정시靜時의 공부가 기본이다. 그런데 마음이 움직인 뒤에는 또 동시動時의 공부가 수반되어야 한다. 즉 움직인 마음이 불의不義에 빠지지 않도록 긴장을 늦추지 않고 엄히 살피는 성찰이 필요한데, 이 때의 척도가 바로 의義인 것이다. 남명은 이 성찰을 매우 중시하였다.

이런 정시의 존양과 동시의 성찰은 송나라 때 학자들이 이미 다 말한 것이다. 그런데 예전의 학자들은 근원적인 정시의 공부를 더 중시했기 때문에 의義를 경敬에 포함시켜 논하는 경우가 많았다. 왜냐하면 동시에도 경은 줄곧 이어져야 하기 때문에, 이를 대

나의 남명학南冥學 **읽기**

등하게 인식하지 않고 의가 경에 부속된 것처럼 인식한 것이다. 그런데 남명은 이를 구분해 공부의 두 축으로 내세움으로써 의義의 중요성을 특별히 부각시켰다. 그렇다고 의를 경과 확연히 분리한 것은 아니다. 경敬이 유지되는 가운데 의義의 성격과 역할을 보다 적극적으로 평가해 명확히 구분해서 인식하고자 한 것이다.

그 이유는 의義의 중요성을 강조하는 데 있다. 의는 마음이 움직인 뒤의 성찰의 척도가 되기 때문에 동적이며 외향적인 성향을 갖는다. 따라서 행위가 수반되는 실천성을 갖는다. 앞에서 살펴보았듯이, 사신이 부절을 가지고 나가 대장기大壯旗를 세우고 삼엄하게 기미를 살피는 일을 한다. 남명이 일에 응하고 대상을 접할 때 성찰을 이처럼 중시한 것은, 일상 속에서 자신에게 한 점의 사욕도 일어나지 않게 하려는 철저한 수양정신을 보여주는 것이다.

남명은 짧은 칼을 지니고 있었는데, 그 이름이 경의검敬義劍이다. 남명은 그 칼에 "안의 마음을 밝게 하는 것은 경이고, 밖의 일을 결단하는 것은 의이다 [內明者敬 外斷者義]"라는 문구를 새겨 넣었다. 바로 자기사상의 핵심을 표현한 것이다. 이 경의검에 새겨진 말을 보면, 그가 경敬과 의義의 의미를 명확히 구분하고 있음을 알 수 있다. 안으로 마음을 밝히는 것은 존양存養이다. 그 때는 무엇보다 경이 필요하다.

제5장 **남명학**南冥學**의 핵심은 무엇인가?**

경의검

밖으로 일을 처단할 적에는 성찰이 필요하다. 그 때는 무엇보다도 의義가 중요하다. 왜냐하면 의를 기준으로 살피지 않으면 인욕人欲에 빠지거나 물욕物欲에 가려져 올바른 결정을 내릴 수 없기 때문이다.

시퍼런 칼에 새겨진 이 문구를 보면, 사욕을 단칼에 끊어 버리려는 남명의 기상이 섬뜩하게 느껴진다. 칼은 물건을 자르는 도구이다. 마음에서 일어나는 불선不善하고 불의不義한 사욕을 즉시 물리치는 것이 유학에서 말하는 극기克己이다. 이는 위의 「신명사도」에 보이는 대사구大司寇가 하는 일이다. 남명의 「냇가에서 목욕하고서[浴川]」라는 시를 보자.

全身四十年前累　　　사십 년 동안 온몸에 쌓인 티끌,
千斛淸淵洗盡休　　　천 섬 맑은 물에 다 씻어 버렸네.
塵土倘能生五內　　　티끌이 오장육부 속에 다시 생긴다면,
直今割腹付歸流　　　당장 배를 갈라 흐르는 물에 띄워 보내리.

남명은 자신의 마음속을 깨끗이 하여 한 점의 티끌도 끼어드는 것을 극도로 경계하였다. 만약 그런

나의 남명학南冥學 읽기

마음이 일어난다면 당장 배를 갈라 씻어낼 각오를
하고 있다. 이런 정신이 바로 하늘을 우러러 한 점 부
끄러움이 없는 실천적 수양을 하게 했던 것이다. 이
시는 앞에서 살펴본 「신명사도」의 존양存養－성찰省
察－극치克治로 이어지는 삼단계 수양론을 단적으로
표현한 것이다.

　　남명은 천도天道인 성誠의 경지에 오르려 하였다.
즉 하늘에 오르려 한 것이다. 그것을 위해 공부의 두
축으로 경敬과 의義를 내세운 것이다. 요컨대 남명의
경의사상敬義思想은 자신의 심성을 철저히 수양해 한
점 부끄러움도 없는 진실무망眞實無妄한 성誠의 경지

「욕천浴川」을 지은 포연鋪淵 전경

제5장 남명학南冥學의 핵심은 무엇인가?

에 도달하는 것이다. 이는 『대학』의 '지어지선止於至
善'과 같은 것이고, 『중용』의 '지성무식至誠無息'과 같
은 경지이다.

이것이 학술적인 측면에서 살펴본 남명의 경·의
이다. 이제 나는 이 경·의를 좀 더 현대적으로 해석
해 보려 한다. 남명이 말한 경敬은 '나'라는 인간이
하늘을 대할 때의 마음이다. 옛말에 '경천애인敬天愛
人'이라는 말이 있다. '하늘을 공경하고 인민을 사랑
하라'는 말이다. 옛날 사람들은 하늘을 공경했다. 그
리고 두려워했다. 그래서 그들은, '하늘이 인간에게
부여해 준 본성을 따르는 것'을 인간이 마땅히 걸어
야 할 길로 보았다. 이 길에서 벗어나지 않으려고 끝
까지 마음을 붙잡았다[操心]. 그리하여 눈으로 볼 수
없고, 귀로 들을 수 없는 것에 대해서도 경계하고 삼
가며[戒愼] 두려워하고 두려워하면서[恐懼] 하늘의
메시지에 귀를 기울였다. 이것이 하늘을 두려워하는
사상이다.

남명이 말한 경敬은 바로 이런 것이다. 하늘을 두
려워하고, 사람을 두려워하고, 어른을 두려워하고,
아버지를 두려워하고, 스승을 두려워하는 것이다. 자
기정화를 위해서는 이처럼 두려워하는 마음이 있어
야 한다. 두려워하는 마음은 곧 공경하는 마음과 다
르지 않다. 그래서 나는 경敬을 '자기정화를 위한 안
으로의 도덕적 긴장'이라고 풀이한다. 서양의 철학자

敬天愛人

나의 **남명학**南冥學 **읽기**

니이체는 "긴장하라! 긴장하라!"를 수없이 외쳤다. 적과 대치하고 있는 일촉즉발의 상태에서 인간은 극도로 긴장한다. 사람이 하늘에 대한 관계도 그렇다. 하늘에 대한 극도의 긴장, 이것이 자신을 공경하게 하는 길이고, 자기마음을 깨끗하게 정화하는 길이다.

불행하게도 현대인들은 이런 도덕적 긴장이 완전히 해이되어 있다. 도무지 두려워할 줄을 모른다. 어른이건, 아버지건, 스승이건 조금도 두려워하질 않는다. 그러니 당연히 하늘도 두려워하지 않는다. 옛날의 임금은 '하늘의 아들[天子]'이었다. 즉 하늘을 대신해 이 땅을 다스리는 사람이다. 하늘의 메시지를 들을 수 있는 사람이다. 이런 현대사회의 병폐를 치유하려면, 도덕적 긴장을 하지 않으면 안 된다. 그래서 하늘을 두려워하는 '경敬'이 그 어느 때보다 절실히 필요한 때이다.

또한 남명이 말한 의義는 내가 하늘을 대할 때의 마음으로 남을 대하는 것이다. 내 마음이 일을 접하고 남을 만날 때 인욕人欲이나 물욕物欲이 개입할 소지가 크다. 이 관문을 통과할 때 철저히 의義라는 검색대를 만들어 놓고 마음이 드나드는 것을 살펴야 한다. 따라서 의는 '응사접물應事接物할 때의 밖으로의 도덕적 긴장'이라 할 수 있다.

나는 이것이 남명이 추구한 도라고 생각한다. 따라서 남명이 내세운 경과 의는 수양하고 공부하는

제5장 남명학南冥學**의 핵심은 무엇인가?**

방법이며, 그 준거이다. 그리고 이런 공부를 통해 도달하고자 하는 목표가 자신을 하늘에 합하게 하는 것이다. 도는 길이다. 그 길은 하늘이 명한 본성을 따르는 것이고, 결국 하늘에 오르는 것이다. 남명은 자신을 하늘의 경지로 끌어올리는 목표를 세웠고, 경과 의라는 칼 한 자루를 들고 천왕봉을 올랐다. 한 점 티도 없는 하늘로 한 걸음 한 걸음씩 올랐던 것이다. 그리고 천왕봉 정상에서 남명은 하늘을 만났다.

남명의 경·의를 『대학』의 구도 속에서 보면 성의誠意·정심正心·수신修身의 자기실천【行】에 해당한다. 남명은 지知·행行의 문제에 있어 지적탐구【知】에만 몰두하지 않고, 그것을 자기화 하는 데에 전념했다. 이 점이 오늘날 우리들의 학문과 매우 다른 점이다. 현대문명의 병폐는 지적탐구에만 매달리고, 그것을 자기화 하는 실천정신이 부족하다. 이를 치유하기 위해 가장 확실하고 좋은 방법이 남명정신을 본받는 것이다. 깨끗하고 정의로운 사회, 도덕성이 살아 있는 사회를 만들기 위해서는 무엇보다 절실히 필요한 것이 남명이 추구했던 그런 구도자적 자세이다. 그래야 도덕성이 생기게 된다. 이는 구호로 되는 일이 아니다. 자신이 일상생활 속에서 몸으로 실천해 나가야 한다. 남의 실천을 문제 삼을 것이 아니라, 나의 실천부터 돌아보아야 한다. 우리의 도가 땅에 떨어졌다고 개탄할 일이 아니라, 내 자신부

知行

나의 남명학南冥學 **읽기**

터 남명정신을 본받아 '자신을 날마다 새롭게 하고 또 날마다 새롭게 한다[日新又日新]'는 구도자적 자세를 가져야 한다.

그래서 오늘날 우리 시대는 그 어느 때보다도 남명이 그리운 시대이다. 정치가들이 남명을 모신 덕천서원에 와서 외쳐대는 구호성 발언으로는 안 된다. 나부터 자기정화와 자기실천을 해야 한다. 남명을 진정으로 존모하고 따르는 사람들부터 이기利己·사욕私欲을 말끔히 버리려고 부단히 자신을 살펴야 한다. 그래야 남명을 만날 수 있다. 그렇게 하는 것만이 우리 시대를 살리는 길이다. 남명을 진정으로 따르는 후학들은 말이 아닌 몸으로 그 정신을 실천해 나가야 한다. 남명처럼 몸으로 하는 공부를 해야 한다.

제5장 남명학南冥學의 핵심은 무엇인가?

남명을 '실천유학자'라 하는 이유는?

1. 실천의 의미

우리는 '실천實踐하는 지식인'이라는 말을 자주 접한다. 이는 우리 시대에 몸으로 보여주는 지식인이 없다는 것을 의미한다. 나는 앞에서 남명의 공부를 '몸으로 하는 공부'라고 하였다. 그렇다. 선생이 공부를 하지 않으면서 제자들에게만 공부를 하라고 강요하면, 제자들 중에 학자가 나올 리 없다. 선생이 몸으로 보여주어야 한다. 그러면 저절로 따라 오게 되어 있다. 가정에서도 마찬가지다. 부모가 전혀 독서를 하지 않고 술이나 마시고 노래방이나 가면서, 자녀들에게 공부하라고 윽박지르면 그 집에서는 공부 잘하는 아이가 나올 리 없다. 이는 자명한 이치이다.

요즘 사람들은 모두 '몸짱'·'얼짱'을 원한다. 몸

이든 얼굴이든 모두 신체 외적인 것이다. 우리는 이처럼 외적인 아름다움을 추구하는 데 마음이 가 있다. 나쁜 일이 아니다. 뚱뚱한 사람보다 몸짱이 보기 좋다. 못생긴 사람보다 얼짱이 보기 좋다. 그렇다면 이제는 무엇을 짱으로 만들어야 할 것인가? 당연히 내적인 마음을 짱으로 만들어야 하지 않을까? 그래서 나는 '마음짱'을 말한다. 그러나 유감스럽게도 아직 인터넷상에 '마음짱'이라는 어휘는 보이지 않는다. 이제 우리가 할 일은 마음짱을 만드는 일이다.

마음짱을 만들려면 '몸으로 하기'를 해야 한다. 우리는 '실천하는 지식인'을 '양심적 지식의 행동하기' 정도로 이해하는 것 같다. 그러나 그런 해석은 '실천하는 지식인'의 반쪽만 본 것이다. 앞에서 나는 『대학』의 팔조목을 들어, 격물格物·치지致知의 지적 탐구와 성의誠意·정심正心·수신修身의 자기실천과 제가齊家·치국治國·평천하平天下의 사회적 실천을 거론했다. 곧 바로 알기 → 내 몸에 실천하기 → 사회적으로 확대 실천하기 이런 순으로 나아가야 한다.

그런데 우리는 사회의 병폐를 비판하고 폭로하고 개선하려는 안목은 매우 발전하였으면서도, 정작 그보다 먼저 추구해야 할 자기를 돌아보고 실천하는 의식은 결여되어 있다. 그래서 사회는 어느 정도 정의로움을 이루어가고 있는데, 개인에게는 도덕성이 생기질 않고 있는 것이다. 내 몸에 실천하기를 우리

나의 남명학南冥學 **읽기**

는 뼈저리게 각성해야 한다. 전통학문에서는 이것이 기초가 되었었다. 그래서 올곧은 선비가 많이 나왔다. 오늘날 올곧은 선비를 입에 올리는 사람들조차 이 점을 생각하지 않고 있다. 그러므로 오늘날 참다운 선비를 만들어 내기 위해서는 내 몸으로 실천하기를 통해, 개인의 도덕성을 길러야 한다.

이것이 내가 말하고 싶은 오늘날의 실천이다. 물론 이렇게 주장한다고 해서, 사회적 실천을 하지 말자는 것은 아니다. 자기실천이 바탕이 되고 나서 사회적 실천을 하자는 것이다. 그것도 자기실천을 완전히 이루고 나서 사회적 실천을 하자는 것이 아니다. 사회적 실천을 하더라도 자기실천을 하지 않으면 안된다는 것이다. 이 시대의 양심세력으로 자처하는 이들은 반드시 이 점에 유의해야 한다.

2. 남명의 현실대응양상

나는 앞에서 남명은 인류 역사상 그 누구보다도 자기실천에 뛰어났던 인물이라고 하였다. 남명을 '실천유학자'라고 하는 것은 지식을 자기화 하여 자신을 성인으로 만드는 자기실천에 있는 것이다. 그런데 오늘날 남명을 실천유학자라고 하는 인식은 다른 데 있는 것 같다. 즉 자기실천의 측면에서 바라보는 것

제6장 남명을 '실천유학자'라 하는 이유는?

이 아니라, 사회적 실천의 측면에서 남명을 바라보는 것 같다. 나는 이에 반대한다. 남명도 물론 사회적 실천을 한 학자임에 틀림없다. 그러나 근본은 자기실천이다. 따라서 남명을 실천유학자라고 하는 의미를 분명히 해야 할 것이다.

남명은 철저히 자신을 수양했기 때문에 마음에 한 점 티끌이 머무는 것을 용서치 않았다. 그러므로 그는 도덕성에 있어서 누구보다 월등했다. 그렇다고 그는 이 도덕성을 무기로 나아가 싸우려 하지 않았다. 오히려 지리산처럼 그 자리에서 정적인 자세를 유지하려고 했다. 그렇지만 그는 현실과 조금도 떨어져 있지 않았다. 늘 현실의 소용돌이 한 가운데 서서 현실을 바라보았다. 이제 남명이 현실을 어떻게 바라보고 어떻게 대응해 나갔는지를 실천의 측면에서 조명해 보기로 한다.

남명의 「원천부原泉賦」는 남명사상의 근원에 해당하는 글이다. 남명사상의 정화精華가 경·의라면, 이 「원천부」는 그 근원에 해당한다. '원천原泉'은 '근원이 있는 샘물'을 뜻하는 말이니, 이 글은 학문에 근본이 있어야 함을 강조한 내용이다. 남명은 여기서 '근본'을 수차 언급하며 강조하였고, 그 근본에 대해 다양한 예를 들었다. 그리고 다음과 같이 끝을 맺었다.

나의 남명학南冥學 **읽기**

戒曰　　　　　경계하노니,
心以應事　　　마음이 사물에 응접할 때,
百感搖挑　　　온갖 감정이 흔들고 부추기네.
學以爲本　　　학문을 하여 근본을 세우면,
感罔能擾　　　온갖 감정이 흔들지 못하리.
可汩則無本　　감정에 빠질 수 있는 것은 근본이 없기 때문이고.
可擾則用熄　　감정에 흔들릴 수 있는 것은 마음씀이 없기 때문.
敬以涵源　　　경공부를 통해 근원을 함양하고,
本乎天則　　　하늘의 법칙에 근본 하라.

　‘온갖 감정[百感]’은 희·로·애·락·애·오·욕의 칠정七情과 같은 감정들이다. 이런 감정이 절도에 맞지 않으면 악하게 된다. 따라서 학문을 통해 근본을 세워야 이런 감정에 마음을 빼앗기지 않을 수 있다. 그런데 그 학문의 내용이 바로 경공부敬工夫다. 이를 통해 마음을 함양하여 하늘의 법칙인 천리天理·천도天道에 근본하게 하는 것이 학자의 본분이다. 남명이 수차 강조한 ‘근본’은 바로 ‘하늘의 도’이다.

　이처럼 남명사상의 기저에는 ‘근본’을 중시하는 사유가 자리하고 있다. 이런 사유가 인간의 마음에 국한하지 않고 그 외연이 확대될 때 학문적 근본, 사회적 근본, 정치적 근본, 나라의 근본 등으로 나타난다. 남명의 「민암부民巖賦」는 이런 차원에서 ‘정치적 근본’을 논한 글이다. ‘민암民巖’이란 ‘백성은 우뚝한 바위처럼 위험한 존재’라는 뜻이다. 송나라 때 소식

제6장 남명을 ‘실천유학자’라 하는 이유는?

蘇軾은 "백성은 물과 같다. 물은 배를 띄울 수도 있고, 전복시킬 수도 있다. 사물 중에 백성보다 더 암험한 것은 없다"고 하였다. 남명은 이 뜻을 취했다. 그리고 백성이 암험하게 되는 근원을 임금 한 사람에게서 찾았다. 즉 이 「민암부」는 나라의 근본은 백성에 있고, 정치적 근본은 임금에게 있다는 것을 드러낸 글이다.

남명사상의 밑바닥에는 이처럼 근본을 중시하는 생각이 자리하고 있다. 뿌리가 튼튼해야 나무가 잘 자란다는 논리이다. 남명은 이런 인식으로 현실을 바라보았다. 남명이 살던 16세기는 한 마디로 사림士林들에게는 암울한 시대였다. 조광조趙光祖의 도학정치가 꽃필 듯하다가 기묘사화로 무참하게 꺾여 버리자, 중종반정을 주도한 공신들이 정권을 장악하여 권력투쟁을 하였고, 이어 외척들이 정권을 농단하여 부패가 만연하였다. 1565년 문정왕후가 죽고 윤원형尹元衡이 실권失權하기 전까지는 암흑기였다. 이런 정치적 상황 속에서 남명의 현실인식은 매우 예리하다.

을묘사직소(단성현감사직소)

남명은 1555년 6품직인 단성현감丹城縣監에 제수
되었는데, 이를 사직하면서 올린 「을묘사직소乙卯辭
職疏」【일명 「단성현감사직소」라고도 한다】에 그의 현실
인식이 잘 나타나 있다. 이 상소의 요지를 간추려 보
면 다음과 같다.

① 벼슬에 나갈 수 없는 첫 번째 이유는, 자신이 도를
  지닌 사람이 아니기 때문이다.
② 벼슬에 나갈 수 없는 두 번째 이유는, 나라가 병들어
  손을 쓸 수 없는 지경이 되었기 때문이다.
③ 변방이 소란한 것은 조정이 부패했기 때문이다.
④ 이를 극복하는 길은 임금의 마음에 달려 있다.
⑤ 임금이 학문에 힘을 써 명덕明德·신민新民의 도를
  얻어야 한다.
⑥ 정치는 사람에게 달려 있고, 사람을 쓰는 것은 임금
  이 몸으로써 해야 하고, 몸을 수양하는 것은 도로써
  해야 한다.
⑦ 왕도정치를 펴면 미관말직이라도 나아갈 것이다. 그
  요점은 정심正心으로 신민新民의 주인을 삼고, 수신
  修身으로 취인取人의 근본을 삼는 데 있다.

①은 자신이 도를 지닌 사람이 아니기 때문에 나
갈 수 없다는 것이니, 겸양 내지 나아가기 싫은 핑계
이다. ②에서 남명은 속마음을 드러내고 있다. 남명은
'근본'을 중시했다. 그런 인식이 이 상소문에서는 '나
라의 근본이 망했다'고 하였고, 국가를 '백 년 동안 벌
레가 그 속을 다 갉아먹어 진액이 이미 말라 버린 큰

제6장 남명을 '실천유학자'라 하는 이유는?

나무'에 비유하였다. 즉 나라의 근본이 망했다고 본 것이 남명의 현실인식이다. ③은 자신이 나아갈 수 없는 두 가지 이유를 밝힌 뒤, 왜적이 변방을 침입한 현실적인 일을 거론하며, 그 원인을 조정의 부패에서 찾은 것이다. ④는 이런 조정의 난관을 극복하는 길은 임금의 한 마음에 달려 있음을 강조한 것이다. ⑤부터 ⑦까지는 남명이 명종에게 현실의 어려움을 타개할 수 있는 요체를 간곡히 진언한 것이다.

사실 우리는 이 「을묘사직소」를 언급하면서, 남명이 조정을 강도 높게 비판한 점만을 언급해 왔다. 그러나 이 상소문의 진정한 의미는 현실 비판과 아울러 그것을 타개할 방안을 강력히 요구한 데 있는 것이다. 이 글이 단성현감에 제수된 것을 사양하는 상소문인데 조정을 비판하는 데에서 그쳤다면, 이는 임금에 대한 예가 아니다. 남명은 현실정치를 비판하면서 군주가 학문을 통해 명덕·신민의 도를 얻어 국정을 일신하길 간곡히 진달하였다.

한편, 남명은 1568년 선조에게 올린 「무진봉사戊辰封事」에서 나라를 잘 다스리는 도는 임금의 명선明善과 성신誠身에 달려 있다고 하여, 이 두 축의 공부에 대해 곡진하게 진언하였다. 남명은, 명선은 궁리窮理이고 성신은 수신修身이라고 하였으며, 궁리는 치용致用하기 위함이고 수신은 도를 행하기 위함이

나의 남명학南冥學 **읽기**

라 하였다. 또 궁리하는 방법은 의리를 강론해 밝혀 일에 접했을 때 그 옳고 그름을 구하는 것이라 하였고, 수신하는 방법으로는 『논어』의 '사물四勿'이 그 요점이라 하였다. 또 안으로 마음을 보존해 신독愼獨하는 것을 천덕天德이라 하였고, 밖으로 마음을 성찰해 역행力行하는 것을 왕도王道라 하였다. 그리고 궁리·수신·존양·성찰하는 지극한 공부는 반드시 경敬을 위주로 해야 한다고 하였다. 이런 설은 그의 「신명사도神明舍圖」에 보이는 내용과 유사한 것으로, 자신의 성리사상을 간곡히 아뢴 것이다.

　이상에서 살펴본 것처럼, 남명의 상소에는 현실적으로 시급한 문제, 또는 근본적인 문제들을 거론하며, 임금이 수신하여 안으로 천덕을 쌓고 밖으로 왕도를 이룩하라는 것이 주된 내용이다. 즉 남명은 현실의 문제점을 비판하되 세부적인 것보다는 근본적인 문제에 초점을 맞추어 그 폐단을 구제할 수 있는

을묘사직소

제6장 남명을 '실천유학자'라 하는 이유는?

대책을 건의한 것이다.

　대부분의 사람들이 남명의 현실인식을 논하면서 「을묘사직소」의 다음과 같은 말에 주목해 왔다.

　　또한 전하의 나라 일이 이미 그릇되어 나라의 근본이 망했고, 하늘의 뜻은 가버렸으며, 인심도 떠났습니다. 비유컨대, 백 년 동안 벌레가 속을 갉아먹어 진액이 말라버린 큰 나무가 있는데 회오리바람과 사나운 비가 언제 닥쳐올지 모르는 것과 같은 형세입니다. … 낮은 벼슬아치들은 아래에서 노닥거리며 주색만 즐기고, 높은 벼슬아치들은 위에서 그럭저럭 지내며 재물만 늘리고 있습니다. … 궁궐 밖의 신하들은 이리가 들판에서 날뛰듯이 백성들에게 착취를 합니다. … 저는 이 때문에 가만히 생각하고 깊게 한탄하면서 낮에는 하늘을 우러러 여러 차례 탄식하였고, 밤에는 아픈 마음을 억제하며 천장만 쳐다본 지 오래되었습니다. … 문정왕후께서 생각이 깊으시기는 하지만 깊숙한 궁중의 한 과부에 지나지 않고, 전하께서는 어리시어 선왕이 남기신 고아에 불과할 뿐이시니, 천 가지 백 가지 하늘의 재앙과 억만 갈래로 흩어진 인심을 무엇으로 감당하며 무엇으로 수습하시겠습니까?

　그러나 나는 시각을 달리한다. 남명은 분명히 현실을 직시하여 날카롭게 비판하였다. 다른 사람이 감히 말할 수 없는 바를 기탄없이 토로하였다. 그러나 여기서 그친 것이 아니다. 그는 간곡한 마음으로 임금에게 어려운 시대를 치유하길 권하였던 것이다. 그가 밤낮으로 시대를 걱정한 것은 현실비판이 아니라,

나의 남명학南冥學 **읽기**

현실을 구제하기 위한 것임을 잊어서는 안 된다. 그
리고 그의 말은 근본을 중시하라는 것으로 요약된다.

제6장 남명을 '실천유학자'라 하는 이유는?

남명의 출처관出處觀

조선시대 사대부들은 학자이면서 정치인이었다. 또한 그들은 향리에 경제적 기반을 가지고 있었기 때문에 벼슬길에 나아갔다가 벼슬을 그만두면 향리로 돌아와 학자로서의 본분에 충실하였다. 그들에게 나아가고[出] 물러나 있는[處] 것의 선택은 매우 중요한 것이었기에, 그들은 신중에 신중을 기하였다.

남명은 25세 때 『성리대전』을 읽다가 학문의 대전환을 이룩하였다. 즉 이윤伊尹처럼 당대를 태평성대로 만들 수 없다는 것을 깨닫고, 안회顔回의 길을 택한 것이다. 31세 때 한양에 사는 친구 이준경李浚慶이 『심경心經』을 보내 주었는데, 남명은 그 책에다 "안자처럼 되는 길이 여기에 있다"고 썼다. 그리하여 그는 깊숙한 곳에 은거하여 세상에 나아가려 하지 않았다. 남명은 구도求道에 일생을 걸었고, 그 도를 구하기 위해 누구보다도 더 자신에 철저하였다.

남명의 구도는 천도天道, 즉 성誠의 경지에 오르는 것이었다. 그래서 마음에 한 점 티끌도 용납하지 않는 삼엄한 기치를 높이 세웠다. 남명은 대합[老蛤]이 오랜 세월 물 속에서 진주[明月珠]를 키우는 것처럼, 깊이 침잠하여 구한 도를 '명월明月'에 비유하였다.

남명의 문인에 하항河沆(1538~1590)이 있고, 하항의 문인에 하수일河受一(1553~1612)이 있고, 하수일의 문인에 하홍도河弘度(1593~1666)가 있다. 이 학맥에는 '손 안의 명월, 요·순으로부터 전해진 것[手中明月 傳自唐虞]'라는 말이 전해졌다. 이 말은 원래 하항이 남명의 학덕을 칭송한 말이다. 여기서 '명월'은 요堯임금·순舜임금의 도를 가리킨다. '요·순의 도'는 무엇일까? 요임금이 순임금에게 전한 도는 『논어』의 '진실로 그 중도를 잡아라[允執其中]'라는 말이고, 순임금이 우禹임금에게 전한 도는 '인심은 위태롭고 도심은 미미하니, 정밀하고 전일하게 해야 진실로 그 중도를 잡을 수 있다[人心惟危 道心惟微 惟精惟一 允執厥中]'는 것이다. 이것이 요·순으로부터 전해진 도이다. 그리고 그것은 유정惟精·유일惟一의 공부를 통해 중도를 잡는 것이다.

이렇게 보면, '명월'은 궁리공부窮理工夫를 통해 이치를 정밀히 알고, 거경공부居敬工夫를 통해 마음을 전일하게 하여 중용의 도를 늘 유지하는 정신을

나의 **남명학**南冥學 **읽기**

뜻한다. 남명은 이런 도를 자임하였기 때문에 왕도정치를 간절히 희구하였다. 그러나 왕도정치를 이룰 수 있는 시대, 그럴 만한 임금이 아니면 도를 굽혀가면서까지 나아가려 하지 않았다. 그리하여 그는 출처出處로 군자의 큰 절개[大節]를 삼았고, 고금의 인물을 논할 적에 먼저 출처를 살핀 뒤에 그 사람이 행한 일의 잘잘못을 논하였다.

남명이 도를 자임하는 의식은 「행단기杏壇記」에 잘 나타나 있다. 행단杏壇은 본래 춘추시대 노나라 대부 장문중臧文仲이 제후들과 회맹會盟하기 위해 쌓은 단인데, 후대 공자孔子가 이곳에서 강의를 하였다. 남명은 이 단의 의미에 대해 다음과 같이 말하였다.

장문중은 이곳에서 희생으로 말을 잡아 놓고, 이곳에서 병사들에게 맹약을 하여 동맹국의 대중에게 위엄을 보였다. 그러나 쇠미해진 주나라 왕실의 운수를 돌리지 못했고, 여러 오랑캐들의 침입도 늦추질 못했다. 그런데 우리 선생님[孔子]께서는 이곳에서 도학을 강론하시고 의리를 창도하시어 천리의 정대함을 밝히셨다. 그리하여 사람들은 주나라 왕실은 능멸할 수 없고, 중화의 나라가 오랑캐와 다르다는 것을 알게 되었다.

이 「행단기」의 요지는 장문중이 행한 것과 같은 패도覇道가 아니라, 공자가 추구한 왕도王道를 회복하고자 한 데 있다. 그래서 남명은 이 글을 안회顔回가 기록하는 형식을 취하였다. 이를 두고 보건대, 남

제7장 남명의 출처관出處觀

명은 현실세계에 왕도를 펼 수는 없지만, 안회처럼 도를 간직하기를 자임한 것을 알 수 있다.

그리하여 그는 또 「누항기陋巷記」를 지었다. 이 「누항기」는 안회가 졸한 뒤 공자가 제자들과 그가 살던 누항陋巷을 지나며 탄식한 것을 소재로 증삼曾參이 안회에 대해 기록한 글이다. 작자는 공자가 안회를 생각하며 탄식하자, 증자의 말을 빌어 "비록 안회는 떠나갔지만, 오히려 도는 남아 있습니다. 죽지 않은 것이 남아 있는데, 어찌 그의 죽음에 대해 그다지도 근심하십니까?"라고 하여, 안회의 도를 드러내는 데 중점을 두었다. 남명은 안회의 영토와 지위를 천자와 견주어 논하면서, 안회의 영토가 천자의 영토보다 넓고, 안회의 지위가 천자의 지위보다 크다고 하였다. 정치적 권력보다 도를 더 중시하는 사고가 단적으로 드러나 있다.

이처럼 도를 자임하는 의식은 문인 하항에 의해 '손 안의 명월, 요·순으로부터 전해진 것'으로 표현된 것이다. 남명의 출처관은 바로 이 도를 자임하는 의식에 뿌리를 두고 있다. 그래서 그는 도를 펼 수 있는 세상이 아니면 도를 굽혀 가면서 나아가려 하지 않은 것이다.

우선 「엄광론嚴光論」을 살펴보기로 하자. 엄광嚴光은 광무제光武帝가 후한後漢을 세우기 전에 동문수학한 벗으로, 광무제가 등극하자 이름을 바꾸고 숨었

나의 남명학南冥學 **읽기**

으며, 뒤에 광무제가 그를 불러 극진히 예우하고 간의대부諫議大夫에 제수하였는데도 끝내 출사하지 않고 부춘산富春山에 은거한 인물이다.

남명은 이런 엄광에 대해 '성인의 도를 추구한 사람'으로 단정하였는데, 그 이유는 왕도정치에 뜻을 둔 사람으로 보기 때문이다. 엄광은 광무제가 어떤 사람인지 잘 알고 있었다. 그는 광무제가 패도정치나 추구할 사람이지, 왕도정치를 펼 인물은 아니라고 보았기 때문에 자신의 도를 지키며 끝까지 나아가지 않았다. 남명은 이런 논리로 엄광이 광무제에게 뜻을 굽히지 않은 것은 마땅하다고 보았다.

그런데 어떤 사람이 남명에게 "당신은 엄광과 비교해, 누가 더 낫다고 생각하느냐?"는 다소 짓궂은 질문을 하자, 남명은 "아, 자릉子陵의 기절을 내가 어찌 따라갈 수 있겠는가? 그러나 자릉은 나와 도를 함께 하는 사람이 아니다. 나는 이 세상을 잊지 못한 자로, 공자를 배우고자 하는 사람이다"라고 하였다. 자릉은 엄광의 자字이다.

이 일화를 통해, 우리는 남명의 출처관과 사의식土意識을 좀더 구체적으로 들여다 볼 수 있다. 즉 엄광은 왕도정치를 추구한 사람으로, 성인의 도를 배우는 사람이다. 그래서 패도정치를 하는 집단 속에는 끝내 나아가기를 거부하였다. 남명은 이런 점에서 엄광을 인정한다. 그러나 남명은 자신을 엄광처럼 세상

에 나아가지는 않지만, 그렇다고 현실세계를 완전히
등지고 사는 사람은 아니라고 하여, 자신과 엄광과의
변별성을 분명히 하였다. 사대부 정치 시대의 사士는
현실정치권에서 물러났다고 하여, 현실권과 동떨어
진 삶을 지향하지 않고 여전히 현실권에서 치열한
인식을 보인다. 이것이 엄광의 은일의식隱逸意識과
구별되는 남명의 처의식處意識이다. 그래서 남명은
정적靜的인 삶을 유지하면서도 그 속에 동덕動的인
요소가 늘 살아있는 것이다.

이상에서 살펴본 것처럼 남명은 출처에 대해 매
우 엄격한 인식을 하였다. 그러므로 그는 역사적 인
물에 대한 평가도 이런 관점에서 종래의 일반적인
견해와는 상당히 다른 면모를 보인다. 두 가지 예를
들어본다.

남명은 제갈량諸葛亮이 출사出仕한 것을 부정적
으로 보았다. 그는 '제갈량이 사세가 불가한 시기에
나아가 일을 하려다 작게 쓰이는 유감스러움을 면치
못하고 말았다'고 낮게 평가하였다. 그는 또한 고려
말 정몽주鄭夢周의 출처에 대해서도 "우왕禑王·창왕
昌王이 신씨辛氏로서 왕을 한 것은 변설할 필요도 없
다. 그 때는 신돈辛旽이 조정을 어지럽히고, 최영崔瑩
이 상국을 침범하려 했으니 군자가 벼슬할 시기가
아니었다. 그런데도 오히려 조정에서 떠나지 않았으
니, 이점이 매우 의심할 만하다"고 하여, 매우 부정적

나의 남명학南冥學 읽기

인 시각을 보이고 있다.

제갈량과 정몽주의 출出을 부정적으로 보는 시각은 남명처럼 출·처에 대한 확고한 신념이 없으면 불가능하다. 왕도를 할 수 있느냐 없느냐 하는 시대상을 잘 보아야 하고, 자신에게 그런 도가 있는지도 잘 보아야 한다. 제갈량과 정몽주가 그런 도를 가지고 있더라도 왕도를 펼 수 있는 시대가 아니었으니, 그들의 출사가 남명에게는 부정적으로 보일 수밖에 없었던 것이다. 이런 점에서 남명의 출처관은 조선시대 출처의식에 보다 명확한 관점을 갖게 해주었다.

남명과 지리산智異山

조선시대 지식인들은 대부분 지리산을 '지리산智異山'으로 부르지 않고 '두류산頭流山'이라 불렀다. 그것은 우리 강토 남단에 우뚝하게 솟은 지리산을 백두산으로부터 뻗어 내린 산으로 인식하기 때문이다. 두류산이라는 말은 '백두에서 흘러내린 산'이라는 뜻이다. 이런 인식에 의해 조선중기 유몽인柳夢寅(1559~1623)은 지리산을 중국의 태산泰山이나 숭산嵩山보다 더 낫다고 평하는가 하면, 동아시아 문학의 최고봉인 두보杜甫와 사마천司馬遷에 비유하기도 하였다. 대단한 자긍심이 아닐 수 없다.

지리산은 이처럼 조선시대 지식인들에게 민족 강토에 대한 자긍심을 갖게 하는 영산靈山이었다. 그리하여 이 산에 유람하는 것을 평생의 소원으로 생각하였다. 그리고 실제로 많은 문인 학자들이 이 산을 유람하여 수십 편의 유람록을 남기기도 하였다. 요즘 사람들이 지리산을 찾는 이유는 단순하다. 대부분 '산이 좋아서 등산을 한다'고 한다. 좀 멋을 부리는 사람은, '산이 거기에 있어 산에 오른다'고 한다.

그러나 옛날 사람들은 그렇게 생각하지 않았다. 그들이 지리산을 찾는 목적은 크게 두 가지로 볼 수 있다. 하나는 흉금을 크게 펴 보고 시야를 확대하는 공자孔子의 '태산에 올라 천하를 작게 여긴다[登泰山小天下]'는 기분을 맛보기 위한 것이고, 다른 하나는 신선 세계를 찾아 답답함을 풀기 위함이었다. 전자의 경우는 천왕봉에 오르는 것을 목표로 삼고, 후자는 쌍계사 방면의 청학동과 삼신동을 주로 찾는다.

그런데 이런 목적으로 지리산을 찾지만, 이들은 어디까지나 본분이 유학자들이었기 때문에 유람을 하면서도 이 세상에 대한 생각을 벗어 던지지 못한다. 그래서 그들은 불교나 무속巫俗의 혹세무민한 자취를 보면 가차 없이 비판하였고, 백성들의 어려움을 보면 경세제민經世濟民의 이상을 떠올렸고, 역사 유적을 만나면 옛일을 회고하며 득실을 논하였고, 높은 산을 힘들게 오를 적에는 자아를 돌아보고 자신을 성찰하였으며, 산하를 조명할 적에는 국토에 대한 뜨거운 애정을 드러내기도 하였다. 이처럼 선인들의 지리산 유람은 단순한 산행이 아니라, 자신과 사회와 국토에 대한 종합적 성찰의 기회를 갖는 여행이었다.

나의 남명학南冥學 **읽기**

그렇다면 남명에게 지리산은 어떤 산이었을까? 남명은 지리산 가까이 살면서 10여 차례 이상 이 산에 올랐다. 그런 그에게 이 산은 그 누구에게보다도 각별한 산이었다. 자신이 만년에 은거지로 생각하는 산이었으며, 노년에는 자기학문을 완성하는 동반자로 천왕봉을 택하기도 하였다. 그러므로 지리산과 남명은 불가분의 관계에 있다. 나는 이를 두고 남명과 지리산(천왕봉)은 하나가 되었다고 감히 말한다.

얼마 전에 어느 방송국에서 '남명이 지리산에 열두 번 오른 까닭은?'이라는 특이한 주제로 방송을 한 적이 있다. 그 때 열두 번 올랐느니, 열다섯 번 올랐

쌍계사 입구 석문石門

제8장 남명과 지리산智異山

느니 하는 논란이 있었다. 세상은 늘 이런 사소한 문제에 목숨을 건다. 나는 이런 데에 관심이 없다. 문제의 초점은 거기에 있는 것이 아니다. 남명과 지리산은 어떤 관계에 있었고, 어떤 의미가 있는지를 찾는 것이 보다 중요하다.

남명은 지리산을 유람하고 「유두류록遊頭流錄」이라는 유람록을 남겼다. 이 유람록에는 남명의 독특한 산수유람관이 들어 있다. 남명은 이 유람록 끝에 "물을 보고 산을 보고, 그리고 사람을 보고 세상을 보았다[看水看山 看人看世]"고 썼다. 나는 이 글을 읽다가 여기에 이르러 책을 덮고 말았다. 깊은 감동에 더 이상 책을 읽을 수 없었기 때문이다.

유홍준 교수가 쓴 『나의 문화유산답사기』는 온 국민에게 우리 문화유산에 대한 안목을 크게 향상시켜주었다. 그는 온 국토가 박물관이라 하였고, '아는 것만큼 보인다'는 유명한 말도 세상 사람들 입에 오르내리게 하였다. 맞는 말이고, 참으로 의미 있는 발언이다. 그런데 나는 남명의 이 여덟 자 짧은 구절을 읽으면서 유람을 하는 목적이 무엇인지, 여행을 하는 목적이 무엇인지를 새삼 느끼게 되었다. 그리고 잠명箴銘 같은 이 여덟 자가 내게는 경구警句로 다가왔다. 선각자의 말씀은 이처럼 간결하면서도 촌철살인寸鐵殺人의 경지를 보여준다. 그래서 그 어떤 멋있는 말보다도 나는 유람을 떠날 때 이 말을

나의 남명학南冥學 읽기

되새긴다.

남명은 섬진강을 거쳐 쌍계사 방면을 여행하면서 산山도 보고 물[水]도 보았다. 아름다운 산수를 유람하면서 '아름답다'는 탄식도 했을 터이고, 경외감도 생겼을 것이다. 이는 여행을 하면서 누구나 느낄 수 있는 감정이다. 그런데 오랫동안 깊이 학문에 침잠을 했던 남명의 눈은 그런데 머물지 않았다. 그는 깊이 들여다보기를 자연스럽게 하였다.

지금 눈앞에 보이는 산수山水는 단순히 경관이 아름다운 산수만은 아니다. 분명 예로부터 거기 그대로 수천 년 동안 있어 온 산수다. 그리고 그 산수 속에서 지금 내가 살아있듯이, 역사 속에 많은 사람들이 살다가 갔다. 남명은 그런 생각을 하였고, 지금 눈앞에 보이는 산수를 통해 과거의 역사 속 사람들을 떠올렸다. 그들의 흔적이 조금이라도 남아 있으면 그들을 떠올렸다. 그리고 그들이 살던 세상까지 생각했다. 역사적으로 불우한 삶을 살았던 사람을 만나면 그와 그 시대의 모순을 보았다.

이 정도가 되면 남명은 산수와 하나가 된 것이고, 고인과 하나가 된 것이다. 그래서 남명은 눈앞의 산수를 통해 역사의 아픔과 세상의 아픔까지 읽어냈다. 깊이 들여다보기는 이처럼 표피를 꿰뚫어 저 깊은 심층을 드러내 보인다. 참으로 놀라운 안목이다.

남명의 유람은 이처럼 산수에 남아 있는 고인의

제8장 남명과 지리산智異山

흔적을 통해 그 인물과 그 세상을 만나는 여행이었다. 그것은 놀이가 아니었다. 또 다른 구도여행이었다. 그리하여 그는 다시 이런 관점으로 현실의 자신을 바라보았다. 그는 높은 산을 오르면서 인간이 선한 데로 나아가기가 그처럼 어렵다는 것을 생각했고, 산을 내려오면서 인간이 악으로 나아가기가 그처럼 쉽다는 것을 생각했다. 곧 산수유람을 하면서 자신에 대해 끝없이 성찰한 것이다. 산을 보고 물을 보는 것이지만, 그것을 통해 자아를 돌아보고 인간의 심성을 살펴본 것이다.

나는 남명의 이 여덟 자[看水看山 看人看世] 명구를 나의 산수잠山水箴으로 만들었다. "산을 보고 물을 보고, 그리고 역사 속의 고인을 보고 그들이 살던 세상을 보라" 나는 이런 남명의 말씀을 『논어』에 있는 '어진 자는 산을 좋아하고 지혜로운 자는 물을 좋아한다[仁者樂山 智者樂水]'는 명구만큼이나 좋아한다. 산수를 논하면서 인仁과 지혜[智]를 생각하고, 산수를 유람하면서 인간과 세상을 돌아보는 것, 이처럼 깊이 들여다보는 것이 성현의 말씀이다. 산에서 어진 덕을 읽고 물에서 지혜로움을 읽기란 성인이 아니고서는 불가능하다. 마찬가지로 산을 보고 물을 보면서 고인을 생각하고 고인이 살던 세상을 생각하는 것도 남명이 아니고서는 불가능한 일이다.

남명은 산을 좋아했다. 물처럼 산의 덕을 실어다

나의 남명학南冥學 **읽기**

들녘을 적셔주는 지혜보다는, 늘 그 자리에 변치 않고 꿋꿋하게 있는 산을 좋아하였다. 앞에서 살펴본 「제덕산계정주題德山溪亭柱」에 '어찌하면 두류산처럼 될 수 있을까?[爭似頭流山]'라 하였고, 61세 때 덕산으로 들어가 쓴 「덕산복거德山卜居」라는 시에는 '내가 이곳으로 이사를 온 이유는 천왕봉이 상제가 사는 곳에 가까이 다가가 있음을 사랑하기 때문이네[只愛天王近帝居]'라 하였다. 그는 만년에 천왕봉을 동반자로 택했다. 그래서 나는, "천왕봉은 우뚝한 돌무더기였는데 남명을 만나 덕스러워졌고, 남명은 하늘 가까이 다가간 천왕봉을 만나 자신의 키를 하늘에 닿게 하였다"고 말한다. 그리고 나는 또 다음과 같이 말한다. "남명은 천왕봉이 되어 하늘 가까이 다가서 있다"

나는 천왕봉에 오를 때마다 남명을 생각한다. 천왕봉을 바라볼 때마다 남명을 생각한다. 그래서 천왕봉이 참으로 좋다. 『시경』에 "높은 산 그를 우러르며, 큰 행실 그것을 따르네[高山仰之 景行行之]"라 하였다. 이처럼 큰 인물과 큰 산은 하나의 이미지로 얼마든지 겹칠 수 있다. 그리고 후인들은 그 산을 바라보며 자신의 이상을 드높게 하고, 그 선현을 우러르며 그를 본받고자 하는 것이다.

내가 사는 진주에서는 천왕봉이 한 눈에 보인다. 겨울철 일기가 청명하면 아주 가까이 다가온다. 즉

제8장 남명과 지리산智異山

이 지역에서는 언제든지 남명을 만날 수 있다. 우리
모두 천왕봉을 우러르며 남명의 뒤를 따르기를 나는
진심으로 원한다.

나의 남명학南冥學 **읽기**

남명은 과연 '칼을 찬 선비'일까?

2001년은 남명과 퇴계가 탄생한 지 500주년이 되는 뜻깊은 해였다. 경상북도에서는 퇴계를, 경상남도에는 남명을 선양하는 각종 행사들이 다채롭게 펼쳐졌다. 그런 분위기 속에서 남명에 관한 책들이 속속 출간되어 남명학 연구에 깊이를 더하였다. 그 가운데 어떤 책은 부제副題에 '칼을 찬 유학자'라 하였고, 어떤 책에는 '칼을 찬 선비'라 하였다. 그래서 마치 남명은 무인의 기상이 있는 듯이 느껴지게 하였고, 늘 칼을 차고 다닌 선비처럼 여겨지게 하였다.

"남명은 과연 칼을 차고 다녔을까?"

나의 대답은 한 마디로 '아니오'다. 조선시대 유생의 복장에는 칼을 찰 수가 없다. 이 문제는 많은 사람들이 오해를 하는 것 같아, 내 나름의 설명을 덧붙여 풀이해 본다. 우선 남명이 가지고 있던 칼에 대해 생각해 보자. 남명이 지닌 칼은 무인의 칼이 아니다. 그 칼은 바로 경의검敬義劍이다. 이 칼은 지금 세상에 나타나지 않고 있다. 다행히 예전에 찍어 둔 사진이 전한다. 그 사진 속의 칼은 장검이 아니다. 호신용 짧은 단검임이 틀림없다. 그러니 이 칼은 무인들이 차고 다니는 칼과는 다르다. 또한 호신용 단검은 남명뿐만이 아니라, 다른 사람들도 지니고 다녔다. 따라서 이런 종류의 칼을 지니고 다닌 것이 남명다운 것이 될 수는 없다. 더구나 '칼을 찬 선비'라는 말은 남명을 마치 무인처럼 느끼게 하니, 더욱 어울리지 않는 말이다. 남명은 결코 무인이 아니다. 그는 도학자이다. 도학자 가운데서도 도를 몸으로 실천한 도학자이다. 그런 도학자에게 칼을 찬 선비라니 얼토당토않다.

문제의 초점은 이 칼의 용도에 있다. 칼을 지니고 다녔다는 의미가 일반인들이 느끼는 것과는 상당히 다를 수 있기 때문에, '이 칼이 무엇을 하던 칼인가?'를 생각하지 않으면 안 된다. 이 칼은 호신용이 될 수도 있고, 다른 용도로도 사용할 수 있다. 그러나 남명에게 이 칼은 이런 일반적 의미보다 더 중요한 뜻이 담겨 있다.

남명은 이 칼에 "안으로 마음을 밝게 하는 것은 경이고, 밖으로 일을 결단하는 것은 의이다[內明者敬外斷者義]"라는 문구를 새겨 넣었다. 경·의는 남명사상의 핵심이다. 시퍼런 칼에 자기 사상의 핵심 문구를 새겼다. 심상치 않다. 칼은 어떤 도구인가? 물건을 자르는 도구이고, 적을 물리치는 도구이기도 하다. 아무튼 칼은 자르는 일을 한다. 무엇을 자를까? 적어도 남명이 위 여덟 자를 새긴 경의검은 장수가 적의 목을 치는 칼은 아니다. 즉 자르는 대상물이 밖에 있지 않고, 자기 내부에 있다.

그렇다면 이 칼은 어떤 용도인지 감이 잡힌다. 자기 마음을 밝게 하기 위해 경공부를 할 적에 마음에서 생기는 혼몽昏蒙함을 물리치는 칼이다. 마음을 항상 밤하늘의 별처럼 반짝반짝 빛나게 하는[常惺惺] 칼이다. 그리고 마음이 움직여 귀·눈·입을 통해 밖의 사물과 만날 때 의義를 기준으로 일을 결단하는 칼이다. 즉 불의·불선의 기미를 포착해 가차 없이 잘라내는 칼이다. 따라서 이 칼은 존양-성찰-심기-극치할 때 쓰는 칼이지, 왜적을 물리치거나 사악한 무리를 처단할 때 쓰는 칼이 아니다. 자기 마음을 비추어 조금도 흩어지지 않게 하는 칼이고, 마음의 사욕을 베는 칼이다.

123

제9장 남명은 과연 '칼을 찬 선비'일까?

남명의 문인들이
의병활동에 적극 참여한 이유는?

남명은 김해·삼가·덕산 등지에 살았기 때문에 16세기 중반 왜구의 발호에 대해 여러 정보를 얻어 들은 듯하다. 『남명집』에도 왜구의 침략에 대한 우려가 몇 군데 나타난다.

① 1558년 지리산 쌍계사 방면을 유람하고 쓴 「유두류록」에도 하동군 악양면에서 적량면으로 통하는 삼하실재에 올라 남쪽을 바라보며 "그 사이에 혈맥과 같이 서로 얽히고 엉켜 강과 바다와 포구가 경락經絡처럼 얽혀 있다. 이처럼 우리나라는 산하의 견고함이 비할 데 없이 뛰어나, 넓은 바다에 임해 있고 높은 성곽에 의거해 있다. 그런데도 오히려 거듭 백성들이 조그맣고 추한 섬 오랑캐에게 곤란을 겪고 있다"

② 1567년 새로 즉위한 선조宣祖에게 올린 「정묘

사직정승정원장丁卯辭職呈承政院狀」에서 '발등에 떨어진 급한 것을 구제해야 한다'는 뜻으로 '구급救急' 두 자를 올리면서, "오랑캐들이 업신여겨 쳐들어오고 있습니다"라고 하였다.

③ 그리고 정확히 언제인지는 알 수 없지만, 1569년경에 지은 것으로 추정되는 「책문제策問題」에도 "섬 오랑캐가 난리를 일으키고 있다"고 하면서 적을 제압할 대책을 학생들에게 묻고 있다.

남해안에 왜구가 침략한 것은 이루 헤아릴 수 없지만, 1555년 을묘왜변은 매우 심각한 상황이었다. 다행히 전라도 영암靈巖에서 왜구를 물리쳤지만, 남쪽 지방 사람들은 두려움에 떨고 있었다. 이후로도 소소한 침략이 끊임없이 이어졌다. 남쪽에 살며 이런 소문을 익히 들었던 남명으로서는 당시의 급무 중에 하나가 국방을 튼튼히 하여 민생을 보호하는 일이었다. 그리하여 상소문에서도 이 점을 극력 아뢰었고, 문인들에게 왜적을 방비할 방안을 묻는 논술시험을 내기도 하였던 것이다. 이를 두고 보면, 남명은 적의 침입으로 백성들이 도탄에 빠질까 매우 우려하였음을 알 수 있다. 그렇다고 세간에서 말하는 것처럼, 남명이 임진왜란을 예견한 것은 아니다. 남명은 예언자가 아니다. 그럴 개연성을 생각해 방비를 하자는 유비무환의 자세를 일깨운 것이다.

평소 스승으로부터 이런 우려를 익히 들었던 남

나의 남명학南冥學 **읽기**

명의 문도들은 임진왜란이 일어나자, 곳곳에서 의병을 일으켰다. 그 어느 문하생들보다도 적극적으로 그리고 크나큰 공을 세우며 적과 싸웠다. 이에 대해 남명이 미리 그렇게 시켰다고 보는 것은 무리이다. '왜 그랬을까?'를 생각해 보자.

첫째, 남명사상에 영향을 받았기 때문이다. 앞에서 살펴보았듯이, 남명사상의 핵심은 경敬을 통한 존양과 의義를 통한 성찰이다. 그리고 사신을 보내 불의不義나 불선不善의 기미를 삼엄한 기상으로 살피는 심기審幾와 그런 기미가 발견되면 즉석에서 물리치는 극치克治로 되어 있다. 그리하여 요임금·순임금의 태평스런 세월을 만드는 것이다. 이런 그의 사상으로 미루어 볼 때, 적이 쳐들어오는 것을 보고 나아가 싸우지 않을 수 없다. 따라서 남명의 문인들이 대거 의병을 일으킨 것은 남명사상에 영향을 받은 측면이 제일 강하다고 하겠다.

둘째, 남명의 몸으로 하는 공부를 본받았기 때문이다. 앞에서 나는 남명의 공부는 말로 하는 공부가 아니고, 문자로 하는 공부도 아니고, 몸으로 하는 공부라고 하였다. 몸으로 하는 공부는 바로 행동으로 이어진다. 평소 자기실천을 철저히 했기 때문에 다시 실천을 염두에 두지 않아도 저절로 행동하게 된다. 따라서 남명의 문인들이 의병을 일으킨 것은 남명의 몸으로 하는 공부의 영향이 컸다고 하겠다.

제10장 남명의 문인들이 의병활동에 적극 참여한 이유는?

　셋째, 남명의 우국애민사상에 영향을 받았기 때문이다. 남명은 처사의 길을 택해 재야에서 고요히 자신을 함양하고 성찰하는 데 평생의 공력을 기울였다. 그러나 그는 결코 현실에 눈을 감지 않았다. 남명과 가장 친했던 대곡大谷 성운成運은 남명의 묘비문을 쓰면서 다음과 같이 말했다.

　　남명은 세상사를 잊지 못해 나라를 걱정하고 백성을 가볍게 여겼다. 매양 달 밝은 청명한 밤이면 홀로 앉아 슬피 노래를 부르고, 노래를 마친 뒤에는 눈물을 흘렸다. 그러나 곁에 있는 사람들은 전혀 그의 그런 마음을 알지 못했다.

　이처럼 남명은 나라와 백성을 걱정하며 슬픈 노래를 부르고 눈물을 흘렸다. 아무도 그의 이런 마음을 알지 못했다. 나는 이 기록을 읽다가, '눈물'이라는 말에 다시 한 번 뭉클한 감동을 맛보았다. 오늘날 민생정치를 하자고 하는 정치인들 가운데 과연 진정으로 이런 눈물을 흘린 사람이 있던가? 아마도 없을 것이다. 우리는 눈물이 메말라 버렸다. 나는 남명의 이 눈물이 매월당梅月堂 김시습金時習이 농부의 형상을 조각해 놓고 물끄러미 들여다 보다 갑자기 불에 태워버리며 통곡하던 그 눈물과 다르지 않다고 느껴진다. 우리 선인들에겐 이런 진정어린 눈물이 있었다.

　이런 눈물을 흘리면서 남명은 현실을 더 예리하게 관찰하였을 것이고, 그런 마음으로 현실의 모순에

나의 남명학南冥學 읽기

더 적극적으로 대응하였을 것이다. 그리하여 그는 나라와 민생을 위한 계책을 다각도로 생각하였을 것이다. 그리고 이런 남명의 생각은 자연스럽게 문인들에게 전해졌을 것이다. 그러므로 그런 감화를 입은 남명의 제자들은 국난이 닥치자, 분연히 떨쳐 일어나 칼을 들고 싸웠다. 여기서 독자들은 남명이 칼을 찬 선비였기 때문에 문인들이 의병을 일으킨 것이라 오해해서는 안 된다. 앞서 언급했듯이, 남명의 칼은 자신의 내면에서 일어나는 사욕을 자르는 용도의 칼이다. 적을 물리치는 데 그런 단검으로는 싸울 수 없다.

넷째, 남명의 문도들은 대부분 경상우도 지역에 거주하는 이 지역 출신의 사대부들이었다. 따라서 그들은 삶의 터전을 버리고 도망칠 수 없었기에 적극적으로 지킬 수밖에 없었다. 또한 그들은 향촌을 지배하고 있는 정신적 지주들이었다. 그러므로 지역민들이나 가솔들을 이끌고 의병을 일으키기가 비교적 수월하였다.

이 외에도 여러 가지 이유를 더 찾을 수 있을 것이다. 그러나 이 문제는 이 정도에서 접기로 한다. 남은 문제가 하나 더 있다. 남명의 제자들이 의병을 일으킨 것을 실천유학이라 할 수 있을까? 나는 앞에서도 말했듯이, 실천유학이라는 말에 대해 사회적 실천의 측면으로만 말하는 것에 반대한다. 실천은 내 몸으로 실천하는 것이 우선이다. 더구나 유학은 수기修

제10장 남명의 문인들이 의병활동에 적극 참여한 이유는?

己와 치인治人의 두 축으로 볼 때, 자기를 닦는 수기가 근본이다. 수기가 바로 실천의 근본이다. 이를 무시하고 대외적인 실천, 사회적 실천만을 말하는 것은 곤란하다.

의병을 일으켜 싸운 것은 어떤가? 당연히 사회적 실천에 해당한다. 따라서 유학의 정신을 실천한 것이라 할 수 있다. 그러나 이것만을 가지고서 실천유학이라고 이름 붙이는 것은 논리적으로 모순이 있다. 그러므로 나는 '의병활동 = 실천유학'이라는 등식으로 말하는 것에는 찬성할 수 없다.

남명은 후인들에게 어떻게 인식되었는가?

"남명은 후인들에게 어떻게 인식되었을까?"

역사적 인물에 대한 평가는 긍정적 평가도 있고, 부정적 평가도 있게 마련이다. 공자는 자공子貢이 "한 고을 사람들이 모두 그를 좋아하면 어떻습니까?"라고 묻자, "옳지 못하다"고 하였다. 또 자공이 "한 고을 사람들이 모두 그를 미워하면 어떻습니까?"라고 묻자, 공자는 "옳지 못하다. 이는 한 고을 사람 중에 선한 자는 그를 좋아하고, 불선한 자는 그를 미워하는 것만 못하다"고 하였다. 이 말은 인물을 평가할 때 중요한 기준이 된다. 선하고 정의로운 사람은 그런 성향을 가진 사람에게는 지지를 받지만, 그렇지 않은 사람에게는 미움을 받을 수밖에 없다.

주자朱子는 '수오지심羞惡之心'을 해석하면서 "자신의 불선을 부끄럽게 여기고, 남의 불선을 미워한

다”고 하였다. 맹자가 말한 '의의 단서[義之端]'인 수
오지심은 남의 불선도 미워하는 마음이다. 이런 마음
을 가지면 불선한 사람은 이 사람을 좋아할 리 없다.
따라서 정의를 내세우는 사람에게는 반드시 적이 있
을 수밖에 없다.

의義를 매우 중시한 남명에게 있어, 불선한 자는
당연히 미움의 대상이 될 수밖에 없다. 마치 길바닥
에 침을 뱉거나 운전을 하면서 창밖으로 담배꽁초를
버리는 자를 보면, 달려가 혼을 내주고 싶은 마음이
강하게 생기는 것과 같으리라. 그러므로 의義·불의
不義에 대해 의식이 없는 사람은 의를 자꾸 강조하는
남명을 좋아할 리 없다. 고려 말 이달충李達衷(1309~
1384)의 「애오잠愛惡箴」은 이런 점을 예리하게 파헤친
글이다.

> 남이 나를 사람이라 해도 나는 기쁘지 않고, 남이
> 나를 사람이 아니라고 해도 나는 기쁘지 않다. 그것은
> 사람다운 사람이 나를 사람이라 하고, 사람답지 않은
> 사람이 나를 사람이 아니라고 하는 것만 못하다. 나는
> 나를 사람답다고 하는 사람이 어떤 사람인지 모른다.
> 또한 나를 사람답지 않다고 하는 사람이 어떤 사람인
> 지도 모른다. 그러니 사람다운 사람이 나를 사람답다
> 고 하면 나는 기뻐할 만하고, 사람답지 않은 사람이 나
> 를 사람답지 않다고 해도 기뻐할 만하다. 그런데 사람
> 다운 사람이 나를 사람답지 않다고 하면 두려워할 만
> 하고, 사람답지 않은 사람이 나를 사람답다고 하면 또
> 한 두려워할 만하다. 따라서 내가 기뻐하고 두려워하

나의 남명학南冥學 **읽기**

는 것은, 나를 사람답다고 하고 사람답지 않다고 하는 사람이 사람다운 사람인지 사람답지 않은 사람인지를 살피는 데 있다.

이러한 기준으로 보더라도, 이제 와서 남명을 비판한 사람이 사람다운 사람이었는지, 사람답지 않은 사람이었는지 우리는 분간하기 어렵다. 따라서 예전 사람들이 남명을 비판한 것에 대해 살피려면, 남명을 비판한 인물 자체를 논하기보다는 그가 비판한 내용이 무엇인지를 가지고 따지는 것이 보다 유효하다.

남명에 대한 비판은 동시대 퇴계退溪가 가장 먼저일 것이다. 퇴계는 그의 문인들과 문답하면서 남명에 대해 좋지 않게 평가하였다. 퇴계가 남명을 좋지 않게 보는 관점은 대체로 '노장사상에 물들었다'는 것과 '학문이 깊지 않다'는 것으로 요약된다. 퇴계와 남명은 평생 한 번도 만나지 않았다. 편지를 두 통 주고받았을 뿐이다. 즉 퇴계는 사람들이 전하는 소문과 남명의 문자를 통해서 남명을 접했지, 그의 실제 모습은 보지 못했다. 남명은 몸으로 공부를 했던 사람인데, 퇴계는 이를 보지 못하고 문자만 보았던 것이다.

또한 남명은 자신을 하늘의 경지로 끌어올리는 데 모든 정력을 기울였기 때문에 자신을 수양하는 데 필요하다면 노장사상이나 불교의 설일지라도 기꺼이 취하려 하였다. 곧 나를 성인으로 만드는 것에 중점을 두었지, 문자의 조박糟粕에는 그렇게 신경을

제11장 남명은 후인들에게 어떻게 인식되었는가?

쓰지 않았다. 이 점에서 남명과 퇴계는 확실히 차이가 난다. 퇴계는 개념과 의미를 문자를 통해 정밀히 따졌다. 그러나 남명은 그런 공부를 대수롭지 않게 여겼다. 오로지 자신을 부단히 수양해 천도에 합하게 하는 데 관심을 집중하였다. 아마도 퇴계의 남명 비판은 이런 인식의 차이에서 기인할 것이리라. 퇴계학파에서 남명을 곱지 않은 시선으로 본 것은 퇴계의 이런 평에 의해 상당한 영향을 받았기 때문이다.

여기서 분명히 인식해야 할 점은, 남명의 그런 자기수양이 불교의 돈오頓悟나 양명학에서의 치양지致良知처럼 마음의 주관적 깨달음과 유사하다고 보아서는 곤란하다는 것이다. 남명은 일상생활 속에서 응사접물應事接物하는 가운데 마음의 사욕을 물리치는 존양-성찰-극치의 실제적 수양에 치중한 것이다. 따라서 순간의 깨달음에 치중하거나 신령스럽고 영명한 마음에 매달려 유심주의唯心主義로 나아간 것은 결코 아니다.

퇴계의 남명에 대한 평이 있은 뒤로, 남명의 문인 김우굉金宇宏(1524~1590)은 대단히 언짢았던 모양이다. 그는 퇴계에게 편지를 보내 이 문제를 정식으로 따졌다.

선생께서 말씀하시기를 "〈남명은〉 노장이 빌미가 되었다"고 하시고, 또 "그의 학문은 깊지 않다"고 하셨다 들었습니다. 소생의 망령된 소견으로는, 우리 학

나의 남명학南冥學 **읽기**

문은 인륜의 일상생활을 벗어나지 않는다고 생각합니
다. 존심하고 성찰하여 그 일에 익숙한 뒤에 실득을 얻
게 되는 것입니다. 감히 여쭙건대, 우리 학문이 이 밖
에 무엇이 있겠습니까? 지금 선생께서 남명선생을 함
부로 배척하여 심지어 이단에다 견주기까지 하시니 선
생의 큰 도량에 손상이 될까 걱정됩니다. 원컨대 속 시
원히 해명하시어 소생의 깊은 의혹을 풀어주시기 바랍
니다.

퇴계는 서울에서 벼슬살이할 적에 『주자대전』을
보았다. 이 책은 16세기 초 인쇄를 했다가 문제가 심
각하여 반포를 하지 않고 있었다. 남명은 이 책을 보
지 못했다. 남명은 『성리대전』 위주
로 공부를 했다. 퇴계도 『성리대전』
을 공부했지만, 『주자대전』을 본 뒤
로는 주자학으로 경도되었다. 『성리
대전』은 송·원대 130여 명 학자들
의 설을 명나라 초에 모아놓은 책이
다. 따라서 이 안에는 심학적心學的
성향을 가진 학자들의 설도 들어 있
다. 원대 성리학자들 중에는 주자학
을 위주로 하면서도 육상산陸象山의
심학을 일정하게 수용하는 학자들
이 있었으며, 이 둘을 절충하고자
하는 사람도 있었다. 『성리대전』의
설을 폭넓게 수용한 남명과 『주자

성리대전서性理大全書

제11장 남명은 후인들에게 어떻게 인식되었는가?

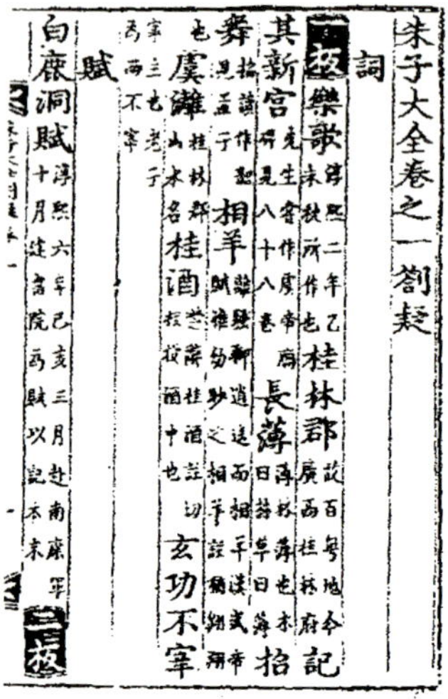
朱子大全卷之一劄疑

詞

樂歌 桂林郡 記

其新宮 長薄 掐

舜 相羊

虞灘 桂酒 玄功不宰

賦

白鹿洞賦

주자대전차의

대전』에 경도된 퇴계의 성향은 차이가 날 수밖에 없었다.

이처럼 16세기 퇴계의 남명 비판은 두 가지 측면에서 이해할 수 있다. 하나는 퇴계가 남명을 직접 만나지 않은 상태에서 남명의 문자와 소문만을 듣고 피상적 비평을 한 것이다. 즉 남명은 몸으로 하는 공부를 하고 있었는데, 퇴계는 이를 보지 못한 것이다. 다른 하나는 퇴계는 『성리대전』에서 『주자대전』으로 주텍스트를 바꿈으로써 주자학 위주로 보다 정밀한 이론적 틀을 갖춘 반면, 남명은 오로지 자신을 수양하는 데에 관심을 집중함으로써 자기실천을 강조하는 성향을 갖게 되었기 때문에 학술적 성향이 매우 달랐던 것이다.

퇴계가 남명을 비판한 것은 학술적 성향의 차이에서 기인한 것이었다면, 17세기로 들어와 서인계 학자들이 남명을 비판한 것은 다분히 정치적 목적에서였다. 광해군 때 정인홍鄭仁弘(1536~1623) 등 남명의 문인들이 득세를 하여 자신들은 피해를 보았고, 인조반정 이후 자신들의 반정에 대한 명분을 명확히 하기 위해서는 광해군 정권의 이념을 타도하고 새로운 이념의 정통성을 확보해야 했다. 그런 정치적 목적으

로 인조대 싱크탱크의 역할을 한 이식李植(1584~1647)
은 주자학을 자기들의 정통 이념으로 내세우고, 그에
순정하지 않았던 남명과 남명의 문인들을 배척하였
다. 그래야 앞 시대 정권은 무도한 정권이 되고, 자신
의 반정 명분은 확보되기 때문이다. 이식은 남명을
다음과 같이 비판하였다.

> 조식의 학문은 의리를 강론하는 것을 크게 꺼려하
> 니, 이는 주자가 육구연을 공격한 이유입니다. 또 조식
> 은 경敬을 논하면서 심心과 신身이 서로 의지하는 것
> 으로 요점을 삼으니, 이는 도가의 수련법에서 나온 것
> 으로, 우리 유가에서는 이런 공부과정이 없습니다.

이렇게 이어지는 이식의 남명 공격은 마치 요즘
정치인들이 상대방을 헐뜯는 것과 같은 수준의 말들
로 난무하였다. 남명은 궁리窮理를 말하면서 독서를
통해 의리를 강론해 밝혀야 한다고 하였는데, 택당은
이를 크게 꺼리는 것으로 지목하였다. 즉 독서는 하
지 않고 마음으로만 깨닫고자 하는 심학으로 배척한
것이다. 그 다음 경공부를 마음으로만 하지 않고 몸
으로 함께 하는 것에 대해 비판하였다. 이는 아마도
경공부를 존심양성存心養性의 심心의 차원에서만 논
하지 않고 신身의 차원으로까지 확대 해석했다는 말
인 듯하다. 도가의 수련법이라고 한 것을 보면, 연단
술煉丹術처럼 몸을 단련하는 공부로 보았다는 비판

제11장 남명은 후인들에게 어떻게 인식되었는가?

이다. 그러나 이러한 택당의 지적은 비판을 위한 비판이라는 느낌이 강하게 들며, 앞에서 살펴본 남명의 철저한 자기실천의 수양론과는 너무도 거리가 있는 말이다.

이러한 서인계의 비판에 대해, 18세기 이익李瀷(1681~1763)은 "근세의 어떤 유자는 퇴계의 평으로 인하여 '남명은 유자가 아니고 처사 가운데 협기俠氣가 있는 자이다'라고 하는데, 또한 가소로운 말이다"라고 하였다. 이익은 남명과 퇴계를 같은 수준으로 이해했고, 비교적 공평한 시각으로 평하였다. 그의 다음과 같은 평은 그가 퇴계를 사숙한 근기남인계 학자임에도 불구하고 학자적 양심을 잘 드러내고 있다.

중세 이후에 퇴계退溪가 소백산 밑에서 태어났고, 남명南冥이 두류산 동쪽에서 태어났는데, 모두 영남 지역이다. 북도는 인仁을 숭상하고, 남도는 의義를 주로 하였다. 그리하여 유교의 교화와 기절氣節을 숭상함이 바다처럼 넓고, 산처럼 우뚝하게 되었다. 우리나라의 문명이 여기서 절정에 달하였다.

남명과 퇴계의 성향을 단적으로 지적해 인仁과 의義로 평한 것은 대단한 안목이다. 그런데 이익은 두 분에 대해 전혀 차별을 두지 않고 있다. 이 분들의 그런 학술적 성향을 모두 높게 여긴 것이다. 즉 그 개성을 인정한 것이다. 그리고 그는 이 두 분에 의해 우

나의 남명학南冥學 **읽기**

리나라 문명이 절정에 달했다고 하였다. 나는 처음에
이 말에 대해 의아했다. 왜 이에 이르러 문명이 절정
에 달했다고 한 것일까?

아주 오랫동안 나는 이 문제를 고심하였다. 이제
어렴풋이 느껴지는 것이 성리학이 한창 꽃피던 시절
에 남명과 퇴계 이 두 분이 태어나서 양대 산맥을 이
룸으로써 학문이 급속히 퍼져 온 나라가 문명화되었
다. 이 분들 밑에는 적어도 박사급 제자들이 100명
이상이 된다. 이들은 각 고을에 가서 향촌을 교화했
을 것이고, 그 밑에 또 무수히 많은 유생들이 수학을
하였을 것이다. 그리하여 온 나라가 급속히 문명사회
로 변하였다. 아! 이 얼마나 위대한 일인가. 이익이
이 두 분에 이르러 우리나라 문명이 절정에 달했다
고 한 것이 이 두 분의 학문적 수준을 말한 것이겠지
만, 그 이면에는 그런 말들이 숨어 있다.

퇴계는 주자학을 더 정밀히 다듬어 주자학이 조
선에 들어와 진일보하는 기초를 놓았고, 남명은 성리
학을 위주로 자신을 철저히 닦아 몸으로 하는 공부
의 모범을 보였으니, 문명이 절정에 달했다는 말이
새삼 더 의미 있게 들린다.

인조반정 이후 남명학맥은 뚜렷한 자기 정체성을
갖지 못한다. 다시 말해 남명의 삼전三傳 제자인 하
홍도河弘度(1593~1666) 이후로는 학통을 명확하게 정
리할 수 없다. 하홍도 이후 1700년대에는 진주 인근

제11장 남명은 후인들에게 어떻게 인식되었는가?

지역에 큰 학자가 나오지 않아 일시적으로 학문이 침체 국면을 맞는다. 그리하여 경상좌도 지역의 퇴계학파인 이재李栽(1657~1730)·이만부李萬敷(1664~1732)·김성탁金聖鐸(1684~1747) 및 근기 남인으로 퇴계를 사숙한 이익李瀷(1681~1763) 등과 교유를 갖거나 학문적으로 영향을 받는다. 그 대표적인 예가 박태무朴泰茂(1677~1756)의 경우이다. 당초 북인이었던 남명학파의 인사들은 인조반정 이후 상당수 남인에 편입되었는데, 특히 근기 남인 조경趙絅(1586~1669)·허목許穆(1595~1682)·이익李瀷·채제공蔡濟恭(1720~1799)·이가환李家煥(1742~1801) 등과 교유하며 자기 기반을 유지하였다.

1800년대 경상우도 지역에는 퇴계학맥에 속하는 유치명柳致明(1777~1861)·이진상李震相(1818~1886)의 문인들 및 이익의 학통을 이은 허전許傳(1797~1886)의 문인들, 그리고 전라도 학자 기정진奇正鎭(1798~1876)의 문인들이 학계를 주도하였다. 유치명과 허전의 문인인 박치복朴致馥(1824~1894)·김인섭金麟燮(1827~1903), 이진상의 문인인 허유許愈(1833~1904), 이진상과 허전의 문인인 김진호金鎭祜(1845~1908), 이진상과 박치복의 문인인 곽종석郭鍾錫(1846~1919), 곽종석의 문인인 하겸진河謙鎭(1870~1946), 기정진의 문인인 조성가趙性家(1824~1904)·최숙민崔琡民(1837~1905)·정재규鄭載圭(1843~1911) 등이 그 대표적인 학자들이다. 이 가운데 기정진의 문인들만 노론이고, 그 나머지는 모두 남인에 속한다. 그러나 이들은 당색에 구애되지 않고 교유하며 학문을 토론하였다.

이 시기에 나타나는 특징 가운데 하나가 당색을 초월하여 경상우도 지역의 학문에 대한 공감대가 형성되었다는 것이다. 그리하여 이 지역에서 새롭게 학문을 진작시킬 필요성을 느꼈고, 그 표상으로 남명이 새롭게 조명되었다.

정재규는 "남명선생이 이윤伊尹의 뜻에 마음을 두거나 안자顔子의 학문을 배울 것을 진작시켜, 경의공부敬義工夫와 출처대절出處大節로 우뚝하게 백세의 스승이 되었다. 그래서 강우지역은 문헌의 고장이 되었다. 선생의 높은 덕을 우러르는 것은 온 나라 사람들이 마찬가지다. 따라서 학업을 강론하며 유풍을 보는 것도 강우지역에 있어야 하니, 강우지역의 사람은 선생의 덕을 존모하고 선생의 도를 발명하는 것이 더욱 각별해야 할 것이다"라고 하였다.

곽종석도 "우리 강우지역은 우리 노선생께서 도를 창도하신 이후로 보는 자는 감화되고 듣는 자는 분발해, 지금까지 집집마다 그 가르침을 가슴에 새기고 사람마다 그 뜻을 숭상하고 있다. 우리 지역 사람들이 도도한 시류에 휩쓸리지 않게 된 것은 선생께서 당일 남겨 주신 교훈 덕택이다"라고 하였다.

한편 김인섭은 「이선생찬二先生贊」을 지어 퇴계

제11장 남명은 후인들에게 어떻게 인식되었는가?

와 남명을 다 같이 우러르며 학문적 특징을 간결히 표장했거니와, 곽종석도 「입덕문부入德門賦」에서 "옛날 사문斯文이 망하기 전에, 강좌엔 도산陶山선생을 하늘이 내셨고, 영우嶺右엔 남명南冥선생이 우뚝 서 계셨네. 나이도 같으신 데다 정신적으로 교유하셨네. 성대한 도가 같으셨고, 후덕한 덕도 같으셨네"라고 하였다.

이런 자료에서 보이듯이, 19세기에 이르면 자기 지역에 대한 공감대가 새롭게 확산되면서 당색보다는 '강우지역'이라는 명분이 더 중시되고, 그 사표로 남명에 대한 인식이 크게 제고되었다. 그리고 남인계열 학자들은 이익이 그랬던 것처럼 퇴계와 남명을 동시에 숭모하는 인식이 확대되었다.

또 조선후기 지리산을 유람하는 사람들 중에 남명을 존모하며 그 덕을 기리는 이들이 많았다는 것도 눈여겨볼 만하다. 단성에서 덕산으로 들어가다 보면 강가에 남명의 문인 이제신李濟臣(1510~1582)이 썼다고 하는 '입덕문入德門'이란 글씨가 있다. 이곳을 지나는 유람객은 그냥 지나치지 않고 그 의미를 되새겼는데, 박태무朴泰茂는 이곳을 지나면서 "초년엔 길을 잃고 갈림길에 서서 / 소경이 더듬거리듯 갈 곳을 잃었었지 / 입덕문 앞에서 큰 잠을 깨고 난 뒤 / 우리 도가 여기에 있다는 것을 알았네"라고 노래하였다. 이처럼 이곳은 후세에 '덕으로 들어가는 문'으

나의 남명학南冥學 **읽기**

입덕문

로 인식되었고, 그것은 곧 남명을 존모하는 마음을 나타내는 것이기도 하였다.

그리고 그 덕은 문학이 아닌 도학道學을 의미하는 것으로, 도학자 남명이 이룩한 정신세계를 지칭하는 것이기도 하였다. 곽종석은 이 문을 지나면서 "입덕문 안에 곧게 난 한 가닥 길 / 탁영대 아래 옥구슬 같은 맑은 물 / 이 길로 하늘에 오르고 이 물에 자신을 비춰 볼 수 있으니 / 이 사이에 어찌 굳이 문장이

제11장 남명은 후인들에게 어떻게 인식되었는가?

흥하길 기대하리"라고 하였다. '하늘'은 천왕봉을 의미하기도 하지만 천도天道를 의미하기도 한다. 탁영대 밑의 맑은 물은 남명이 그랬던 것처럼 자신의 마음에 한 점 티끌도 없음을 상징한다고 할 수 있다. 곽종석은 이 입덕문을 남명이 자신을 수양해 이룩한 도학의 경지에 이르는 관문으로 본 것이다.

이 입덕문에서 1km쯤 가면 산천재山天齋가 나온다. 1877년 이진상 등과 함께 산천재에 들른 박치복朴致馥은 "우리 가문의 일월이 머리 위에 있으니/ 혼미한 사거리 길이 불통이라 한하지 말라"고 하여, 유학의 도가 쇠미해지고 있지만 '우리 가문의 일월' 곧 경敬·의義를 통해 어려운 시대를 극복해 나가려 다짐했다. 하겸진의 문인 정덕영鄭德永(1885~1956)은 산천재에 이르러 "두류산 첩첩 깊은 산중에 / 선생께서 남기신 교화의 말씀 / 우리 도가 바야흐로 끊어지려 하는데 / 어느 누가 다시 그 울림을 이을까"라고 노래하여, 남명의 높은 덕을 우러르는 한편 자기 시대의 절망적인 분위기를 탄식했다.

산천재에서 1km쯤 위쪽으로 덕천서원이 있다. 이곳은 남명의 위패가 모

덕천서원 현판

나의 남명학南冥學 읽기

셔져 있는 곳으로, 대부분의 유람객들은 이곳에 들러
배알을 하였다. 박래오朴來吾(1713~1785)와 함께 유람
했던 허노첨許老瞻은 경의당敬義堂에 유숙하며 "방장
산을 찾아 걷고 또 걸어 / 걸음이 입덕문 깊숙이 들어
왔네 / 오늘 다시 이곳에 오니 / 공경하는 마음이 일
어나네"라고 하였고, 박태무는 "선생의 모습 우러러
보니 / 우뚝 솟은 천 길 절벽과 같고 / 아득히 선생의
마음 생각하니 / 홀로 빼어난 세모의 잣나무 같네 /
우리 도가 어느 주변에 붙었는지 / 행단杏壇은 봄이
돼도 적막할 뿐 / 방장산은 높고 덕천은 길게 흐르니
/ 선생의 교훈 영원히 끝이 없으리"라고 하였다. 모두

덕천서원 전경

제11장 남명은 후인들에게 어떻게 인식되었는가?

남명에 대한 존경심을 극도로 표하고 있다.

남명에 대한 후인들의 존모는 도학이 쇠미해지는 후대로 내려올수록 더욱 간절히 나타난다. 술사 남사고南師古(1509~1571)가 "올해는 소미성少微星이 빛을 잃었으니 재앙이 처사에게 있을 것이다"라고 예언하였는데, 그해 남명이 운명하였다. 이를 두고 후대 박치복은 "하늘에는 소미성 / 인간세상에는 남명선생 / 남명이 이 세상에 오시자 / 소미성이 인간세상에 있었는데 / 소미성이 정기를 잃자 / 남명선생이 하늘로 돌아가셨네 / 천상과 인간세상 지척 같으니 / 별인지 사람인지 나는 모르겠다 / 천 길 우뚝한 푸른 방장

덕천서원 향사享祀 준비

나의 남명학南冥學 **읽기**

산 / 겹겹의 골짝에서 모여드는 물줄기/ 높은 산은 우러르고 맑은 물엔 갓끈을 씻을 수 있지만 / 아, 나는 선생의 경지에 미칠 수 없네"라고 하여, 남명이 이룩한 도학의 경지를 극도로 칭송하고 있다.

이것이 바로 경상우도 지역에 5백 년 가까이 내려온 정신사적 분위기이다. 이런 옛날 어른들의 말씀을 우리는 경청해야 할 것이다. 우리에게는 이런 정신적 고뇌가 없다. 이 지역 특히 지도층에 있는 사람들은 이런 말씀을 되새겨 남명정신을 회복하는 데 앞장서야 할 것이다. 오늘날의 국제정세가 구한말과 비슷하다고 하는데, 오늘날에는 그때처럼 도를 걱정하는 사람이 없다.

제11장 남명은 후인들에게 어떻게 인식되었는가?

남명학의 현대적 의미

이제 이 여행의 종착역이 다가오고 있다. 그래서 마지막으로 또 하나의 질문을 던진다.

"남명학의 현대적 의미는 어디에 있을까?"

나의 이번 여행은 온통 물음표밖에 없다. 내가 이런저런 말을 한 것은 문자의 조박糟粕에 불과하다. 남명이 "정자程子·주자朱子 이후 저술이 필요 없다"고 한 말씀을 되새기면, 모두 불필요한 것들이다.

남명은 문자로 저술하는 것을 극도로 꺼려하였다. 왜 일까? 문자의 유희에 정신을 팔지 말고, 선현이 밝혀 놓은 것을 통해 자신을 닦아 성인의 길을 걸어가라는 뜻이다. 그것이 그 시대는 무엇보다 절실하였다. 선량하지 못한 지식인들이 정권을 잡고 못된 짓을 하던 시대에 몸으로 보여주는 공부가 그래서 필요하였다. 그리하여 남명은 그 시대에 정말로 절실히 필요한 공부를 하였다. 그래서 한 시대정신을 바로잡으려 하였던 것이다. 많은 학자들이 그 길을 따라 수행을 했고, 그들의 올곧은 정신이 당시 사회의 기강을 바로 세우는 데 법보다 더 큰 역할을 하였다. 이것이 학자가 할 수 있는 최선의 길이다.

지금 우리 시대는 어떤가? 희망은 보이지 않는다. 바른 길을 가려고 하지 않는다. 정당하게 돈을 벌어 잘 살기를 바라지 않고, 편법을 써서라도 자기만 잘 살면 된다는 사고가 너무 팽배하다. 이러면 사회정의는 사라진다. 위험수위에 차 있다. 넘쳐 터지면 대다수 선량한 사람들이 피해를 본다. 나는 이 모든 기초에 자기수양이 되지 않았다는 점을 가장 큰 문제점으로 제기한다.

공동체 사회에 바로 살아가기를 우리는 너무도 도외시하고 있다. 이는 사회 각계각층에서 한시도 긴장을 늦추지 않고 감시하고 물리쳐야 가능한 일이다. 우리는 이런 일을 하지 않았다. 그저 어떻게든지 잘 살아보려고만 하였다. 이제 우리가 공동체적 삶을 살기 위해서는 개개인의 도덕성부터 바로 세워야 한다. 정치인들처럼 줄줄이 감옥으로 가서는 안 된다.

나는 개개인의 도덕성을 바로 세우는 것이 자연과의 조화를 추구하는 삶이라고 생각한다. 도덕성이 바로 서면 남을 해치지 않게 되고, 나아가 모든 생명체에 애정을 갖게 된다. 그렇게 되면 이 땅의 나무 한

나의 남명학南冥學 **읽기**

그루, 풀 한 포기에 대해서도 모두 '대~~한 민 국'을 외칠 것이다.

그렇게 하는 데 평생 몸으로 공부를 한 남명은 우리에게 너무도 좋은 사표師表가 아닐 수 없다. 그래서 우리는 남명을 우리 민족의 영원한 스승으로 추앙해야 한다. 천왕봉을 우러르며 남명의 그 마음을 생각해야 한다. 그리고 마음속에 한 점 티끌도 머물지 않도록 애써 자신을 자꾸 돌아보아야 한다. 매일 같이 자신을 돌아보며 선량한 삶을 다짐하고, 사욕을 물리

남명 초상

쳐야 한다. 이것이 남명이 일러준 올바른 삶의 길이다. 이제 그 길을 가야한다. 돌아가고 더딜지라도 그 길로 가는 것이 유일한 대안일 것이다.

남명이 자신을 수양하면서 지녔던 도구는 두 가지가 있다. 하나는 경의검敬義劍이라는 칼이고, 하나는 성성자惺惺子라는 방울이다. 칼에는 그의 사상인 경敬과 의義가 나란히 새겨져 있다. 늘 경敬을 통해 마음을 보존하고 본성을 기르다가 마음이 외물과 접

제12장 남명학의 현대적 의미

할 적에 혹 사욕의 기미가 발동하면 그 즉시 이 칼로 그 사욕을 잘라버리는 것이다. 따라서 이 칼은 마음이 외적으로 접촉할 때의 기미를 살피고 물리치는 역할까지 포함한다. 나는 앞에서 경敬은 '자기정화를 위한 안으로의 도덕적 긴장'이라 풀이했고, 의義는 '응사접물할 때의 밖으로의 도덕적 긴장'이라 풀이했다. 칼의 이미지와 '긴장'이라는 말은 잘 어울린다.

다음 성성자는 소리를 통해 마음을 늘 깨어있게 하는 도구다. 밤하늘의 별처럼 반짝이는 초롱초롱한 정신상태를 유지하며 혼매하고 몽롱한 정신상태에 빠지지 않게 하는 것이 바로 이 방울의 역할이다.

이제 나는 마지막으로 이 글을 읽는 분들에게 모두 권하고 싶다. 각자 경의검 한 자루씩 지니고 다니시라고. 도덕적 긴장을 유지하는 데는 칼이 최고다. 이 칼을 늘 품고 남명을 생각하면 사욕에 끌려가지 않을 것이다. 칼이라는 이미지가 싫다면 성성자란 방울을 달고 다녀도 괜찮다. 늘 방울소리를 들으며 마음을 경각시켜 어둡지 않게 하면 된다.

나는 남명정신을 현대사회에 접목시켜 한 단계 더 성숙된 문명사회가 이 땅에 구현되는 것을 보고 싶다. 그리고 그런 역할을 하며 남명이 걸었던 길을 가고 싶다.

나의 남명학南冥學 읽기

저자 약력

1954년 강원도 원주 출생
성균관대학교 한문교육과 졸업
동 대학교 대학원 문학박사학위 취득
민족문화추진회 전문위원 역임
현 경상대학교 한문학과 교수

저서

星湖 李瀷의 學問精神과 詩經學
韓國經學家事典
儒敎經典과 經學 외 다수

나의 남명학南冥學 읽기

- 남명사상南冥思想의 현대적 의미 -

초판발행 / 2005년 9월 5일
재판발행 / 2007년 3월 20일
저   자 / 최 석 기
발 행 인 / 한 정 희
편   집 / 김 소 라
발 행 처 / 경인문화사
주   소 / 서울특별시 마포구 마포동 324-3
전   화 / 02-718-4831~2
팩   스 / 02-703-9711
이 메 일 / kyunginp@chol.com
홈페이지 / http://www.kyunginp.co.kr
          / 한국학서적.kr
등록번호 / 제10-18호(1973. 11. 8)

값 7,000원
ISBN 89-499-0327-X 03150